HÄUPTLING
SCHLAPPSCHRITT

Andreas Safft

HÄUPTLING SCHLAPPSCHRITT

Vom Jogger zum Läufer und zurück

COPRESS

Umschlaggestaltung: Pierre Sick
Illustration Umschlag: © vihaanlight

DTP-Produktion und Layout:
Verlagsservice Peter Schneider / Satzwerk Huber, Germering

Bibliografische Information der Deutschen Nationalbibliothek
Die Deutsche Nationalbibliothek verzeichnet diese Publikation
in der Deutschen Nationalbibliografie; detaillierte bibliografische Daten
sind im Internet über http://dnb.dnb.de abrufbar.

ISBN 978-3-7679-1110-9

www.copress.de

Dieser Titel ist auch als E-Book erhältlich (ISBN 978-3-7679-2044-6)

Inhaltsverzeichnis

Eine Warnung vorweg

Dieses Buch wird keinen Beitrag zu Ihrer Selbstoptimierung leisten. Dieses Buch wird Sie keine Sekunde schneller machen. Niemand wird es jemals „Bibel" nennen. Sie werden keine ultimativen Tipps für den Laufschuhkauf, den ersten Halbmarathon oder Rezepte für schmackhaftes Carboloading in diesem Buch finden. Es ist kein Ratgeber, im Gegenteil. Warum sollte irgendjemand auch Ratschläge von einem höchst durchschnittlichen Läufer annehmen?

Was bekommen Sie aber für Ihr Geld? Die Geschichte eines ganz gewöhnlichen Menschen, der durchs Laufen einige Kilos verloren, dafür aber viele Freunde gewonnen hat. Eine Geschichte voller Leiden und Rückschläge. Glauben Sie bloß niemandem, der Ihnen diesen Sport als Quell ewiger Glückseligkeit verkaufen will. Eine Geschichte aber auch voller Momente der Erkenntnis. Warum ist Laufen oft so anstrengend, nervig und ungerecht, trotzdem aber mindestens die zweitschönste Beschäftigung der Welt? Meine Antworten folgen – Ihre müssen Sie selbst finden.

Wäre dieses Buch ein Liebesfilm, würde der Streifen nicht beim ersten verschämten Kuss enden, auch nicht bei der ersten heißen Nacht oder bei der Hochzeit. Meine Verbindung mit diesem Sport geht stramm auf die Petersilienhochzeit zu. Die erste Verliebtheit ist mittlerweile einer tiefen Zuneigung gewichen. Und gilt nicht fürs Laufen wie für die Liebe: Es kommt nicht so sehr darauf an, wer am schnellsten fertig ist.

Startschuss

Wie ich aus Versehen erst ein Jogger und dann ganz schnell ein Läufer wurde.

Irgendwann im Spätsommer 2006 ging ich in ein Lüneburger Sport-fachgeschäft, um mich für das Fitness-Studio einzukleiden. Ich kaufte Shirts, Shorts, Turnschuhe und in einem Akt der spontanen Leidensbereitschaft ein Paar Laufschuhe. Das Fitness-Studio blieb Episode. Die Lauferei nicht.

„Du joggst jetzt auch?", durfte ich mich sehr bald von meiner Liebsten, Freunden und Kollegen fragen lassen. Meine Liebste gab dem neuen Hobby höchstens ein paar Wochen. Ich selbst frage mich noch heute, wieso ich mich nach meiner ersten Runde über 5,5 qualvolle Kilometer überhaupt zu einer zweiten aufraffen konnte. Der Leidensdruck beim Blick auf die Waage oder auf mein über die Jahre etwas rundlich gewordenes Profil muss gewaltig gewesen sein. Ja, ich joggte jetzt auch.

Ich ließ mich nicht von den ersten Herbststürmen bremsen, hatte Glück, dass der Winter 2006/2007 in der norddeutschen Tiefebene nicht allzu hart ausfiel. Wenn das Wetter mal nicht anfängergerecht war, stieg ich im Studio aufs Laufband und war zufrieden. Doch mein Leben als Jogger endete abrupt: mit meinem ersten Volkslauf am 18. März 2007, einem ebenso regnerischen wie stürmischen Sonntag, in Scharnebeck.

Rentner und kleine Mädchen hängten mich zwar ab, aber ich hatte Blut geleckt. Vor allem wollte ich nun nicht mehr als Jogger tituliert werden. „Jogger?", entgegnete ich entrüstet allen Leuten, die mich in die Schublade der planlosen Herumrenner einsortieren wollten. „Nein, ich bin kein Jogger. Ich laufe!"

Beim ersten Mal tut's noch weh

Warum ich mich am Anfang an keiner
einzigen Bank vorbeistehlen konnte.

„Eine Reise, tausend Meilen lang, mit einem ersten Schritt fing sie an!", dichtete Laotse vor gut 2600 Jahren. Tausend Meilen wollte ich bei meinem ersten Laufversuch nicht unbedingt hinter mich bringen – einmal zum Ebensberg und zurück sollte reichen. Überschaubare fünf Kilometer durch ein Wäldchen gleich bei mir um die Ecke, das die allermeisten Lüneburger als Laufrevier noch nicht entdeckt haben. Keine Zeugen also!

Was ich auch nicht hatte, war ein Plan. Ich zog mir die frisch erworbenen Laufschuhe an und einen Trainingsanzug, den ich von Spinnweben und Staub befreien musste, so regelmäßig war der zuvor im Einsatz. Seit vier Wochen hatte ich keine Zigarette mehr angezündet, war seitdem bestimmt dreimal im Fitness-Studio. Was sollte mich also bremsen?

Zum Beispiel die erste Bank, die nach gut einem Kilometer am Weg stand und müde Läufer dazu aufforderte, ein klitzekleines Päuschen einzulegen. Und die zweite Bank – wer ist denn so unverantwortlich und stellt so viele Sitzgelegenheiten im Wald auf? Ich drehte eine kleine Runde durch den Ebensberg, der nicht etwa eine nennenswerte Erhebung darstellt, sondern nur einen Lüneburger Stadtteil, nicht ohne ein-, zweimal zu verschnaufen. Auf dem Rückweg legte ich eine kleine Rast an der zweiten Bank ein. Und an der ersten. Dann war ich fertig. Und wie.

Acht Pausen hatte ich bei angenehm frischem Wetter gebraucht – und ich war trotzdem ausgelaugt wie nach einer Sahara-Durchquerung. Auf die Ausschüttung von Glücks-Endorphinen wartete ich vergeblich. Das hatte eindeutig keinen Spaß gemacht.

Es ist mir bis heute ein Rätsel, warum ich doch weitergelaufen bin. Oft auf dem Laufband im Studio, halbwegs regelmäßig dazu im Freien. Wenn ich besonders mutig war, lief ich bis zum Sportplatz des TuS Erbstorf. Und zurück über den Heidkoppelweg, den Col du

Tourmalet Nordostniedersachsens mit gnadenlosen 30 Höhenmetern (aufgerundet). Nach gut drei Monaten Solosport kam ich auf die Idee: Vielleicht macht das alles doch etwas mehr Spaß mit anderen Bekloppten? Und steuerte den Lauftreff des TuS Hohnstorf an.

Ich fühlte mich bereit für den ersten öffentlichen Auftritt. Auf ging's also ins idyllische Dorf an der Elbe. Welten trafen hier aufeinander. Die Athleten vom Deich bevorzugten Laufhosen vom Kaffeeröster, ich hatte im Supermarkt zugeschlagen. Die Cracks trugen kurzärmlige Leibchen. Unter meinem geliebten Kapuzenpulli und der Wollmütze fing ich schon an vor Aufregung zu schwitzen, bevor ich den ersten Schritt geschafft habe.

Proud to be black – ich bevorzugte schwarze Kleidung, fast alle um mich herum weiß, blau, rot, orange. Eine Lage ausziehen? Wir haben doch Januar! Auch wenn es fast zehn Grad warm war, drohten doch Frostbeulen und Erfrierungen. Ich ließ alles an und sollte es sehr bald bereuen.

Als mein Laufpartner schälte sich schnell Ortwin heraus. Lehrer kurz vor der Pension, Webmaster des TuS Hohnstorf, ehemaliger Marathon-Läufer und noch so einiges, weswegen uns der Gesprächsstoff nicht ausgehen sollte. Macken diverser Sportler und sonstiger lokaler Prominenz – mit diesen Themen hätten wir auch einen Ironman bestreiten können.

„Geht's mit dem Tempo?", erkundigte er sich immer mal wieder.

„Ja", japste ich. Rennen und reden – eine Doppelbelastung, mit der meine Lunge noch nicht so recht klar kam.

Nach einer ausgedehnten Runde über den Deich und durch die Felder tauchte vor uns die Sporthalle wieder auf. Ein Anblick, gegen den ich absolut nichts einzuwenden hatte.

„Du hättest doch noch schneller gekonnt", fragte Ortwin.

Ich antwortete wahrheitsgemäß: „War schon ganz okay so."

Zum ersten Mal hatte ich acht Kilometer am Stück geschafft, war darauf mindestens so stolz wie Albert Einstein auf die Entdeckung der Relativitätstheorie.

Hohnstorf liegt leider nicht gerade bei mir um die Ecke, aber ich suchte und fand bald Gleichgesinnte in Lüneburg. Immer im Spätfrühling schaue ich aber gern beim Deichlauf in Hohnstorf vorbei, nicht nur, weil es der eindeutig flachste Volkslauf im Landkreis ist – wer es die paar Meter hoch zum Deich schafft, hat das Schlimmste schon hinter sich.

Immer wieder begrüßt mich Ortwin mit den Worten: „Im Prinzip bist du ja über uns zum Laufen gekommen." Und noch nie habe ich widersprochen.

Um- und Abwege

Warum Leichtathletik doof ist und warum ich nie Kreismeister im Weitsprung geworden bin.

Ich laufe jetzt also. Machen ja Millionen Deutsche. Dabei habe ich Laufen über viele Jahre ignoriert, ja gehasst. Schuld daran war vor allem der Sonnenberg am Ortsrand von Seesen/Harz. Und mein Sportlehrer in der 7. Klasse.

Ein Pädagoge, der seine Schutzbefohlenen vom Jacobson-Gymnasium bis nach Engelade rennen lässt und dann über den sicher gut 50 Meter höher liegenden Sonnenberg zurückjagt, macht sich nicht unbedingt Freunde unter zwei Dutzend pubertierenden Mädchen und Jungen. Wenn dieser sogenannte Pädagoge die Quälerei gemütlich aus seinem Auto heraus verfolgt, dann hat er den Grundstein für eine lebenslange Lauf-Phobie endgültig gelegt. Bei mir jedenfalls.

Er verteilte gern Fünfen und Sechsen an die Schüler, die den Sonnenberg Sonnenberg sein ließen und lieber von Engelade aus zurücktrampten. Kaum zu glauben, wie viele Jugendliche in einen VW Golf passten.

Ich begann Leichtathletik zu verabscheuen. Erstens wegen des Pädagogen vom Sonnenberg. Zweitens mangels eigenen Talents – Bundesjugendspiele waren für mich schlimmer als Zahnarzt, Latein-Vokabeltest und Besuch bei der dicken Tante im Weserbergland zusammen. Und drittens wegen des obskuren Völkchens, das zu meiner Jugendzeit diese olympische Kernsportart repräsentierte.

Rennende Apotheken. Muskelberge unbestimmten Geschlechts. Langstreckler, gegen die jede russische Kunstturnerin wirkte wie ein Fall für die Weight Watchers. Oder mein ganz besonderer Freund Jürgen Hingsen. Ein Zehnkämpfer, gesegnet mit Muskeln für eine ganze Busladung, aber mental nicht in der Lage, bei Olympischen Spielen einen 100-Meter-Lauf pünktlich zu beginnen – und das bei drei Versuchen. Eine Sportart, so glaubwürdig wie Mitternachts-Quizsendungen auf Nepp 5.

Schlimmer aber sind doch die Cracks vor Ort, denn diese kann man nicht einfach wegzappen. Schwer atmend machen sie wehrlose Wälder unsicher, hüllen sich in atmungsaktive Gewänder, in denen sie modetechnisch Mitte der Neunziger in Eisenhüttenstadt auch nicht weiter aufgefallen wären. Legen für schreiend buntes Plastikkram, das ihre zarten Füßchen vor Malaisen schützen soll, das Monatsgehalt eines rumänischen Facharbeiters hin. Ausgemergelte, lustfeindliche Gestalten, die kein Stück Schokolade mehr futtern dürfen, weil sie in dreieinhalb Monaten beim Halbmarathon von Bienenbüttel in der Altersklasse M55 unbedingt unter die ersten Drei kommen wollen.

Böse Vorurteile? Diese Sportskanonen nervten mich schon im Gymnasium. Der Sportlehrer scheuchte uns auf den Platz, brüllte: „Heute Weitsprung auf Noten!", ohne auch nur ansatzweise auf die richtige Technik und auf den optimalen Anlauf einzugehen, geschweige denn, einen Sprung vorzuführen.

Ich rannte wie ein Wilder Richtung Grube, bekam auf halbem Weg fast einen Wadenkrampf, hob mit einem Seufzer ab, setzte zum Flug an und plumpste zirka eine Zehntelsekunde später in den Sand bei drei Meter irgendwas, während die Sportskanonen lässig Anlauf nahmen, känguhrugleich abhoben und sich ihre Eins abholten, ohne auch nur eine Schweißperle zu vergießen.

Weitaus mehr habe ich 75-Meter-Läufe gehasst. So sehr, dass ich sie komplett aus meinem Gedächtnis gestrichen habe. Kein weiteres Wort also zu diesem Thema.

Ich schwamm lieber und feierte grandiose Erfolge bei den Meisterschaften des Schwimmkreises Gandersheim. Über „50 Brust

Knaben", diese Urkunde habe ich tatsächlich aufgehoben, wurde ich als Siebenjähriger in 1:21,9 Minuten auf Anhieb Jahrgangsmeister – es soll ein zweiter Knirps mitgeschwommen sein, weitere Unterlagen über dieses epochale Sportereignis in der Vor-Internetzeit liegen mir leider nicht mehr vor. Vielleicht war ich doch einziger Starter im Jahrgang 1964.

Ich zog zum Studieren nach Göttingen, wählte als drittes Fach trotz aller Demütigungen am Sonnenberg und auf dem Schulsportplatz Sport, drückte mich dabei aber, so weit es irgendwie ging, um Leichtathletik.

Vorm Schwimmtraining stand beim ASC Göttingen regelmäßig eine Laufrunde um den Kiessee an – wundersamerweise hatte ich zu dieser Zeit immer irgendeine Vorlesung zu besuchen. Ach ja, vielleicht hätte ich beim Göttinger Tageblatt gern volontiert – die Wahl des Chefs fiel aber auf eine stadtbekannte Leichtathletin. Da konnte ja nur ein Laufhasser aus mir werden. Der Hass hielt aber nur so lange, bis ich das Laufen wirklich, wirklich dringend nötig hatte.

Was wäre aus mir wohl ohne den Sportlehrer vom Sonnenberg geworden? Wahrscheinlich auch ein Läufer, aber ohne Jahrzehnte lange Umwege.

Wie Ü90 an den Kasseler Bergen

Wie mich das kleine rothaarige Mädchen stehen ließ und meine weißen Laufschuhe ihre Unschuld verloren.

Elf Kilometer können verdammt lang sein. Vor allem, wenn man die Distanz zum ersten Mal an einem Stück läuft wie ich beim Schiffshebewerk-Volkslauf in Scharnebeck. Ungefähr fünf Minuten vor dem Start stellt sich die Sinnfrage verschärft. Der nächste Regenschauer geht nieder, der Südwestwind pfeift über den Sportplatz am Schulzentrum, der alles ist, nur nicht windgeschützt.

Ein paar dick eingemummte Kinder laufen zwei Sportplatzrunden. Einige werden von ihren Eltern angefeuert, einige gar begleitet – wie peinlich. Gut, dass meine Eltern knapp 200 Kilometer Luftlinie entfernt sind, wahrscheinlich gerade in aller Ruhe frühstücken und absolut nichts ahnen von meinen sportlichen Ambitionen.

In der Nacht zuvor habe ich kaum ein Auge zugetan. So nervös war ich zuletzt vor meiner Führerscheinprüfung. Und damals konnte ich wenigstens mit dem Auto fahren und musste mich nicht selbst bewegen. Zum Frühstück Kaffee wie üblich, um überhaupt wach zu werden. Wann bin ich das letzte Mal freiwillig sonntags vor acht Uhr aufgestanden? Aber darf ich Nervenwrack jetzt überhaupt Kaffee trinken, oder geht das schon zu sehr auf die Blase? Ob auch bei Volksläufen Dixi-Klos aufgestellt sind?

Ich habe bestimmt schon fünfmal meine Mütze auf- und wieder abgesetzt, meine Trainingsjacke an- und wieder ausgezogen. So viele Dehnübungen wie in der letzten halben Stunde schaffe ich sonst pro Monat. Anders formuliert: Ich bin nervös. Knapp 150 Frauen und Männer stellen sich auf. Jeder scheint genau zu wissen, wo er sich zu platzieren hat. Alle haben die landkreisinterne Hackordnung schon auf vielen Rennen ausgefochten. Ich aber bin das neue Hähnchen im Stall. Stelle ich mich zu weit vorn hin, werde ich wahrscheinlich auf den ersten zehn Metern gnadenlos niedergewalzt. Stelle ich mich brav hinten kurz vor den Walkern an, gebe ich mich ja schon kampflos mit Platz 120 bis 130 zufrieden. Nein, ich wähle ein Plätzchen mitten in der Mitte.

Ein Offizieller spricht. Ich höre nur „matschig", „aufpassen" und „vielen Dank auch an die Feuerwehr und das Rote Kreuz". Fürs Einsammeln der Fußlahmen? Endlich der Startschuss. Innerhalb von zwei Sekunden bekomme ich drei Tritte in die Hacken, werde zweimal angerempelt – ich fühle mich wie ein holländischer Wohnwagenfahrer, der sich an den Kasseler Bergen auf die Überholspur verirrt hat. Und dabei haben wir den Sportplatz noch nicht einmal verlassen. Andere wollen gewinnen. Ich will durchkommen. Nicht Letzter werden. Mich von keinem Walker überholen lassen. Und wirklich niemals stehen bleiben.

Nach zwei Kilometern hat sich die Spreu vom Weizen getrennt. Ich bin eindeutig Spreu. Wenn ich nicht in der Altersklasse M40 laufen würde, sondern in der Gewichtsklasse Ü90, wären meine Chancen eindeutig besser. Ein Fall für die Anonymen Schweinshaxenfresser bin ich nicht gerade, aber rundherum machen nur Hungerhaken Dampf. Hätte ich mir die zwei Bananen vorm Start doch verkniffen.

Es geht auf kaum bis gar nicht befestigtem Weg quer durch die Feldmark. Der eiskalte Wind pfeift mir um die Ohren. Wie halten das einige Leute nur in kurzen Hosen oder Shirts aus? Das sind wohl die gleichen Zeitgenossen, die zu Neujahr ein Loch in einen See hacken und fröhlich lachend ins Wasser plumpsen. Allmählich spüre ich, warum ansonsten niemand eine Wollmütze trägt. Mir wird warm und wärmer im Oberstübchen. Die Ohren müssen mittlerweile so stark glühen, dass man mich auch als Leuchtturm an der Nordseeküste einsetzen kann.

„Das wird heute Hardcore", hatte jemand vor dem Start geunkt. Kurz vor Nutzfelde weiß ich, was er gemeint hat. Schlamm, Modder, Pfützen. Zwei austrainiert wirkende Mädels passieren mich mit aufreizend lockerem Schritt. Die eine ist sehr bald außer Sicht, die andere bleibt ein paar Meter vor mir. Ich hefte mich wie Charlie Brown an die Fersen dieses kleinen rothaarigen Mädchens.

Kilometer fünfeinhalb, erste Verpflegungsstation. Im Laufen schnappe ich mir einen Becher Tee, zwei Drittel vom Getränk landen prompt auf meiner Jacke. Und das kleine rothaarige Mädchen setzt sich Meter um Meter ab, während einige ältere Herrschaften um mich herum schwächeln. Wie bin ich drauf? Die Beine machen halbwegs gut mit, der Atem hört sich schon etwas gequälter an. Jetzt bloß keine Seitenstiche.

Dann geht's hoch zum Elbe-Seitenkanal. Ein paar Halbmarathon-Cracks, die schon die zweite Runde in Angriff nehmen, sind so unverschämt, sich fröhlich miteinander zu unterhalten, während sie an mir vorbeifliegen. Bei mir würde die Luft noch gerade für „Wasser!" reichen. Das namensgebende Schiffshebewerk sehen wir nur aus großer Entfernung, denn schon geht's wieder rein in das nächste Wäldchen.

Kilometer neun. Eine heimtückische Steigung voller Matsch – Typ Anstieg L'Alpe d'Huez bei Dauerregen – wartet. Meine ehemals weißen Schuhe sind eh mittlerweile dunkelbraun mit grünlichen Flecken, also renne ich hemmungslos mitten durch die Pampe. Ha! Der Kerl, der vor mir stehen bleibt und nach Luft japst, ist die beste Motivation, jetzt bloß nicht das gleiche zu tun.

Noch wenige hundert Meter. Jetzt geht es durch die Scharnebecker Außenbezirke zurück zum Sportplatz. Ausgerechnet hier steht unser Fotograf, der das Häuflein Elend, das ich zurzeit darstelle, für die morgige Ausgabe der Landeszeitung aufnehmen soll. Ich lege ein verzerrtes Grinsen auf. Den nach oben gereckten Daumen verkneife ich mir – allzu dreist möchte ich doch nicht lügen.

Eine letzte miese Steigung durch eine Wohnstraße. Das kleine rothaarige Mädchen ist so frech, das Tempo nochmals anzuziehen. Etwas warmen Applaus von einigen unentwegten Zuschauern kriege ich trotzdem noch ab. Danke fürs Mitleid. Ziel!

„Na, Sport machen ist doch anstrengender als über Sport schreiben", begrüßt mich zirka 0,1 Sekunden nach meiner Ankunft Scharnebecks Vereinschef Ottfried Bitter mit spöttischem Grinsen. Wesentlich willkommener sind jetzt eine Decke und warmer Tee.

Ich habe es geschafft. Lächerliche 18:18 Minuten langsamer als der Gesamtsieger, aber immerhin 14:35 Minuten schneller als der schnellste Walker – so kann ich halbwegs erhobenen Hauptes in die Kantine des Schulzentrums humpeln. In der rechten Wade kneift's. Doch ich habe keine Kraft, um auszulaufen. Amüsiert lausche ich viel lieber in der Aula, wie sich die Konkurrenz mit ihren Heldentaten brüstet. Angeber! Hoffentlich werde ich nie so zahlenversessen. 59 Minuten und 23 Sekunden können übrigens wirklich verdammt lang sein.

Am gleichen Wochenende, das lese ich später, hat der Kenianer Samuel Kamau Wanjiru für seinen Lauf in Den Haag 58:33 Minuten benötigt – Weltrekord im Halbmarathon. Meine Güte, der ist zehn Kilometer mehr als ich gelaufen und war trotzdem früher im Ziel. Aber in Den Haag gibt es bestimmt auch nicht so fiesen Schlamm auf der Strecke.

Immer gewinnen die anderen

Warum noch kein Lauf schwach genug besetzt
für mich war und warum die wahren Konkurrenten
in einer anderen Altersklasse zu finden sind.

Ein richtig familiärer Lauf ist einer, bei dem selbst ich die Chance auf einen Medaillenplatz habe. Der Adventslauf in Ebstorf ist so einer, zu dem sich in der Regel nur um die fünfzig Leutchen auf den Zehner trauen. Und weil der Adventslauf sinnigerweise in der Adventszeit stattfindet, lassen es die meisten eher gemütlich angehen.

In meinem allerersten Laufjahr bin ich mit einem guten Dutzend Lüneburgern nach Ebstorf gefahren. Und alle, wirklich alle, sind auf dem Treppchen gelandet. Nur ich hatte wieder die Altersklasse erwischt, in der doch drei Männer nichts besseres vorhatten, als mir am 1. Advent davonzulaufen.

Beim zweiten Versuch ist sogar mein Sohnemann – es war sein erster und bisher letzter Volkslauf – im Jugendlauf auf Platz zwei ins Ziel gekommen, ich in meiner verflucht überlaufenen Altersklasse als Vierter. Erst der dritte Start in Ebstorf bescherte mir wenigstens einen zweiten Platz – mit nur elf Minuten Rückstand auf den Sieger. Die Auswertung eines Zielfotos konnte man sich also sparen.

Eigentlich gibt es nur drei Sorten von Läufern. Die Sorte, die vor allem im Kampf Mann gegen Mann bestehen und gewinnen will. Die Zeitfixierten, die alles für eine neue persönliche Bestleistung tun, die ihre Seele an den Teufel verkaufen oder gar zehn Wochen nach einem Greif-Trainingsplan laufen. Und die Glücklichen, denen Platz und Zeit egal sind.

Sehr viele behaupten letzteres zumindest von sich – und dann sieht man sie doch wieder alle eine Viertelstunde nach dem Zieleinlauf nervös in der Sporthalle herumtrippeln, weil die Ergebnisse immer noch nicht aushängen.

Da ich meine Lauffähigkeiten nicht maßlos überschätze, begrüße ich in der Regel vor einem Volkslauf die durchtrainierten Sportkameraden A, B, C und D aus meiner Altersklasse freundlich und weiß im gleichen Moment, dass es doch wieder höchstens zu einem fünften Platz reichen wird. Dieses Limit nehme ich mittlerweile so gleichmütig hin wie das nasskalte Novemberwetter, das uns in aller Regel Heiligabend erfreut. Aber wenn D mal einen schlechten Tag hat, sich daher kilometerlang in meinem Windschatten ausruht, um dann auf den letzten 400 Metern doch wieder den Turbo anzuwerfen – wer sich da nicht doch ein kleines bisschen ärgert, der hat ganz bestimmt das Zeug, der nächste Dalai Lama zu werden.

Die Sportkameraden A, B, C und D sehe ich in der Regel aber nur bei Volksläufen. Den Alex oder den Jens zum Beispiel sehe ich dagegen ein- oder zweimal pro Woche, weil ich mit ihnen meine Trainingsrunden drehe. Und auch wenn Alex gut zehn Jahre jünger ist und Jens fünf Jahre älter als ich, wir uns also niemals in der gleichen Altersklasse um die billigen Plätze hinter den Cracks balgen werden, sehe ich sie doch insgeheim lieber hinter als vor mir, wenn es ernst wird. Klar freut man sich doch mit ihnen, wenn es beim Trainingspartner so gut läuft. Wäre aber noch schöner, wenn sie sich mit mir freuen würden, oder?

Dabei habe ich es noch niemals auch nur ansatzweise geschafft, mit Alex, Jens oder irgendeinem anderen Laufpartner ein Rennen zusammen zu laufen, auch wenn unsere Bestzeiten sehr nahe beieinander liegen. Auf unserer gewöhnlichen Sonntagsrunde reden wir ohne Punkt und Komma über Fußball, Politik und Unarten von anderen Läufern und finden fast immer schnell ein Tempo, mit dem wir alle leben können. Doch wenn wir eine Startnummer vorm Bauch kleben haben, wird jeder zum Individualisten, der für die Dauer des Wettkampfs ein Schweigegelübe abgelegt hat.

Nur mit Doktor Thomas hatte ich mal das Vergnügen, einen komplett verregneten 30-Kilometer-Vorbereitungswettkampf vom ersten bis zum letzten Schritt zusammenzulaufen – allein hätte jeder von uns beiden wohl spätestens nach der Hälfte aufgegeben. Drei Wochen später wollten wir gucken, wie lange wir uns beim Lübeck-Marathon gegenseitig ziehen können. Nach dem Start drängelten wir uns einmal ums Holstentor – schon hatte ich Thomas aus den Augen verloren und nie wieder gefunden.

Nur eine Geschichte, die muss noch geschrieben werden: die von meinem allerersten ersten Platz. An dem Tag, an dem A krank zu Hause geblieben ist, B lieber den Halbmarathon in Posemuckel lief, C als Helfer einspringen musste und D mich 400 Meter vorm Ziel doch noch nicht ganz erreicht hatte, weil er zwischendurch wegen einer schwachen Blase dreimal in die Büsche musste. Der Tag wird definitiv kommen! Und es wird mir total egal sein, natürlich. Wie egal, werde ich dann sicher mit schlappen 3000 Wörtern in meinem Blog schildern.

Die Letzten werden die Ersten sein
(Campuslauf Lüneburg 2007)

Zur Uni geht man, um etwas zu lernen. Zum Beispiel, wie man sich einen Lauf tunlichst nicht einteilen sollte. 55 Minuten hatte ich mir als Ziel für die 10 Kilometer vorgenommen, macht bei acht Runden im Schnitt 6:52,5. All die gestählten Studierenden legten ein Höllentempo vor, als wollten sie sich gesammelt für die Sporthochschule Köln bewerben. Ich lasse mich mitziehen, gucke nach der ersten Runde kreuz und quer über den Campus erschrocken auf die Uhr: glatte sechs Minuten!

Runde sechs. Mittlerweile brauche ich mehr als sieben Minuten. Die Adendorfer Wilhelm und Wilhelm, beide um die 70, passieren mich. Dranheften. Wenigstens das klappt. Ich erreiche das Ziel im Windschatten der Adendorfer. Und zwölf Sekunden vor dem Mann mit dem weißen Käppi, der mich lange gescheucht hat. Kleine Triumphe …

Eine Stunde später im Studio 21. Die ersten Drei jeder Klasse erhalten Präsente – und dann werden die langsamste Frau und der langsamste Mann nach vorn gebeten, bekommen ihre Auszeichnung und tosenden Applaus. Ich stehe als 23ster von 29 mit leeren Händen da. Und mit einer Taktik fürs kommende Jahr: ganz langsam beginnen und dann noch weiter abbauen.

Sparen, bis die Lunge rasselt

*Wieso ich eigentlich mal wieder hemmungslos
rauchen sollte – wenigstens für zwei Wochen.*

Was das Rauchen kostet! Wer ein Schächtelchen pro Tag wegqualmt, also 365 im Jahr, verbrennt von Januar bis Dezember bei einem Preis von einem Fünfer pro Schachtel 1825 Euro. Für das Geld kann man mit seiner Liebsten schon einen schönen Urlaub finanzieren – in einem Schaltjahr gibt's den Cappuccino auf dem Flughafen dazu. Und wem beim Abgewöhnen nicht die üblichen Argumente (Lungenkrebs, soziale Ächtung, ständig stinkende Kleidung, Rauchverbot in Kneipen) weiterhelfen, der kann ja mal an die finanzielle Seite denken.

Ich habe jedenfalls am 29. August 2006 meine letzte Zigarette geraucht (abgesehen von ein paar geschnorrten in schwachen Momenten) und im gleichen Zug ausgerechnet, was ich in Zukunft sparen werde. Zwei Euro pro Tag wollte ich nun zur Seite legen und mir von dem angesparten Geld als Belohnung immer mal wieder etwas richtig Schönes gönnen.

Zum Beispiel Ausrüstung für den Sport. Nach und nach wurden fällig: Laufschuhe (60 Euro, stark reduziert), neue Hallenschuhe (40 Euro, dito), eine kurze Hose (15), zwei Laufhosen vom Discounter (20), zwei NBA-Shirts (40 Euro – bei eBay inklusive Versand), zwei Wollmützen (20), diverser Sweat- und T-Shirt-Kleinkram (45), ein MP3-Player, ohne den ich diverse Qualen nicht ausgehalten hätte (60). Macht zusammen 300 Euro – mit fünf Monaten Nichtrauchen habe ich die Sportartikelindustrie quasi im Alleingang gerettet.

Einen neuen Sportrucksack und einen Trainingsanzug fand ich unter dem Weihnachtsbaum. Mehrkosten für Lebensmittel, die ich extra nach Fitness-Attacken futterte, sowie für schlaue Bücher und Zeitschriften zu Fitness-Themen will ich ja gar nicht erst ermitteln. Schließlich bin ich ja auch ein-, zweimal erschöpft auf dem Sofa eingeschlafen, als ich eigentlich zum Kneipenbummel aufbrechen wollte. Aber braucht man nicht irgendwann ein zweites oder drittes Paar Laufschuhe? Endlich einmal eine Laufjacke, atmungsaktiv und windschnittig? Neue Badehose und Schwimmbrille? Eine Pulsuhr? Ein 14-Tage-Seminar bei irgendeinem Fitness-Guru auf Korsika oder wenigstens in Mittelfranken?

Das kostet. Und lässt sich wohl nur mit drastischen Maßnahmen finanzieren. Sollte ich einfach mal wieder für ein paar Wochen rauchen, drei Schachteln pro Tag, bis die Lunge rasselt? Wenn ich dann wieder aufhöre – mindestens zehn Euro pro Tag kann ich dann für den guten Sport verplanen.

Doch dann hat mich eine Studie schwer schockiert. Demnach kostet ein dicker Raucher die Allgemeinheit zigtausend Euro weniger als der dünne Hering, der gesund lebt. Wenn der Genussmensch die Radieschen längst von unten anschaut, humpelt der Gesundheitsbewusste immer noch mit irgendwelchen Meniskusgeschichten zum Doc und will partout nicht einsehen, dass man nach seinem 90. Geburtstag lieber nicht mehr von seiner Ironman-Premiere auf Hawaii träumen sollte.

Ich persönlich mag diese Rechnung nicht unterschreiben. Denn seitdem ich die Nikotin- durch die Laufsucht ersetzt habe, spare ich ja nicht nur die Schachtel Kippen pro Tag. Sondern bin praktisch allein dafür verantwortlich, dass im Frühling der Konjunktur-Motor anspringt. Neue Klamotten sorgen für neue Motivation, neue Schuhe zunächst für neue Blasen, aber dann für Wunderzeiten. Nicht zu vergessen die Pulsuhr, quasi die Handtasche des ambitionierten Läufers. Kaufen, kaufen, kaufen!

Bei meinen ersten Runden mochten ja vielleicht ein olles Shirt und die alte Turnhose als Outfit ausgereicht haben. Verächtlich habe ich die Nase gerümpft angesichts der durch die Wälder rasenden ausgemergelten Gestalten mit quietschbunten Synthetik-Laufjacken, eng anliegenden Strumpfhosen und Tretern, die aussahen, als hätte sie ein Teletubby nach drei Gläsern zu viel Waldmeisterbowle entworfen. Mittlerweile weiß ich es besser: Das Shirt für 10 Euro kannst du nach einer halben Stunde auswringen, das Shirt für 20 hält wenigstens trocken, das für 30 trägt sich gut und das für

Jeder braucht seine Droge
(Tiergartenlauf Lüneburg 2007)

„Du hast das Rauchen immer noch nicht wieder angefangen?",
mein Schwesterchen ist entsetzt. „Nee, ich rauche nicht mehr,
ich laufe", entgegne ich. „Na ja, jeder braucht halt seine Droge",
kontert sie. Und jetzt gebe ich mir die extra starke Dosis: 19,1
Kilometer beim Tiergartenlauf des MTV Treubund. Mein erster
Lauf weit jenseits eines Zehners.

Zur Motivation rechne ich aus: Kilometer mal Körpergewicht
ist ungefähr die Kalorienanzahl, die man beim Laufen verbrennt.
Der Trick wirkt. Gerade rechne ich 19,1 mal 92 in Tafeln Schokolade um, da taucht Lauftreff-Trainerin Susanne nach der Hälfte
der Strecke vor mir auf: „Komm, du bist auch schon mal schneller gerannt. Ein paar Leute packst du doch noch."

Ich klemme also mein virtuelles Messer zwischen die Zähne
und gebe Vollgas. Ein Pärchen weit vor mir scheint locker aus-
trudeln zu wollen. Die packst du noch! Millimeter für Millimeter
arbeite ich mich heran. Wenige Meter vorm Ziel habe ich sie fast.
Aber ich kann nicht mehr. Und jetzt rasen zwei Angeber auf der
Zielgeraden an mir vorbei. Wer jetzt noch so sprinten kann, der
hat sich vorher nicht richtig angestrengt, oder?

Eine lächerliche halbe Stunde schneller – und ich schaffe es
nächstes Mal aufs Treppchen. Jetzt schaffe ich es gerade noch
zum Getränkestand, zum Kuchenstand, zum Bratwurststand.
Ein paar Läufer haben eine Fluppe zwischen den Lippen – die
würde jetzt bestimmt richtig reinhauen … Nee, ich bleib' tapfer.

„Drei Viertel der Läufer sind doch eh Junkies", sagt nicht meine
Schwester, sondern meine Liebste. Und sie hört sich dabei nicht
so an, als wenn sie mich ins vierte Viertel einsortieren würde.

40 sieht sogar chic aus – und vor allem laufen mit diesem Luxusteil nicht noch zwei Dutzend Nasen pro Volkslauf herum.

Richtig kompliziert wird es, wenn neue Schuhe fällig werden. Denn es ist eine Schande, dass Arbeitgeber Sonderurlaub für einen Umzug gewähren, aber nicht für einen Laufschuhkauf. Der regelmäßige Käufer von Luxustretern mit individueller Pronationsunterstützung für 120 Euro aufwärts leistet für die Volkswirtschaft garantiert mehr als die Sofakartoffel, die sich den täglichen Bedarf an Büchsenbier und Chips beim Discounter besorgt. Da darf man auch ohne schlechtes Gewissen ein paar Jahre länger leben.

Der Sklave meiner Uhr

Warum ich meine eigene Zone immer noch nicht wirklich entdeckt habe und warum vierstellige Zahlen magisch sein können.

Rennen Sie einfach so durch den Wald, ohne Wissen über ihren optimalen Herzfrequenzbereich? Halten Sie die OwnZone für eine englische Bezeichnung der ehemaligen Wochenend-Datscha von Erich Honecker? Hat Ihre Pulsuhr weniger als zwei Dutzend Knöpfe und hundert Funktionen? Sie tragen gar keine Pulsuhr? Sie Glücklicher – dann sind Sie noch nicht Sklave ihres Geräts, dann schaffen Sie noch drei Schritte ohne nervösen Blick aufs Handgelenk. Ich nicht mehr.

Alles fing so harmlos an. Mein altes Steinzeitmodell zeigte brav den Herzschlag und die Laufzeit an – und sonst nichts. Ein bisschen neidisch blickte ich schon auf die Besitzer all der Multifunktions-Chronometer. Präzisionsinstrumente, die bestimmt auch einen akzeptablen Latte macchiato zubereiten oder mit Börsentipps aufwarten können. Aber eines Tages war meine Uhr einfach weg. Ich sah es als Zeichen und bemühte mich um Ersatz.

„Eine Stoppuhr, mit der man auch den Puls messen kann", begehrte ich kurz und knapp im Laden. Meine letzten Worte vor dem dreiviertelstündigen Vortrag des Verkäufers über diverse Wundergeräte, ihre vielen Vor- und wenigen Nachteile. Faszinierend fand ich das immer wieder lässig eingeworfene Wort „Herzfrequenz-Variabilität". Erklärung für Doofe wie mich: Verharrt man im trägen Zustand, schlägt das Herz, wie es halt lustig ist, mal nach 0,92 Sekunden, mal nach 0,99 – doch bei einer ganz bestimmten Belastung fällt der Pulsschlag immer gleichmäßiger aus, die Herzfrequenz-Variabilität wird immer geringer. Und da hat man die OwnZone erreicht. Kapiert?

Egal, ich auch nicht. Ich sah die Ermittlung meiner ganz persönlichen OwnZone aber trotzdem als Ticket zum Läufer-Paradies an und hatte nach ein paar Minuten Aufwärmen die Werte: 115 bis 150. Ach. Puls 115 erreiche ich beim gemütlichen Trimmtrab, 150 beim Versuch, Usain Bolt in Sichtweite der Ziellinie zu überholen. Da kann was nicht stimmen.

Noch ein genauer Blick in die Gebrauchsanweisung. Ach so: Ich kann sogar einstellen, ob ich leicht, mittel oder hart trainieren will. (Eigentlich will ich immer leicht trainieren.) Jetzt endlich weiß ich fast immer auf den Pulsschlag genau, welches Tempo ich mir gerade zumuten kann – ansonsten beginnt das Gerät nervös an zu piepsen. Fehlt eigentlich nur noch, dass es unvermittelt einen Stachel herausfährt und in meine Haut rammt, um einen Laktat-Test auszuführen.

Fast schon habe ich mir gedacht: Was soll der Quark? Doch dann leuchtete am Ende des Trainings eine magische vierstellige Zahl auf, die Zahl der Kilokalorien, die ich gerade japsend verbraucht habe. Klasse. Was brauche ich sonst noch an Motivation? Eigentlich nur noch die Umrechnung der Kalorienzahl in Schokoriegel.

PS: Die Polar F11 trage ich acht Jahre später immer noch. Den Brustgurt habe ich längst entsorgt, ein paar Kratzer verzieren das Display. Die Uhr misst keinen Puls mehr, sie kann keine Satelliten finden, keine Durchschnittsgeschwindigkeit errechnen, ist nicht mit irgendeiner Laufcommunity verbunden, ist nicht einmal im Ansatz online. Aber ich nerve sie nicht mehr alle paar Minuten mit nervösen Blicken, sie mich nicht mit einer Datenflut, die ich ohnehin nicht bewältigen kann. Wir vertragen uns einfach gut.

Schön, wenn der Schmerz nachlässt

Was aus meiner ersten richtig großen Laufverletzung
geworden ist und warum ich ziemlich gereizt war.

Wenn etwas weh tut, dann muss man pausieren – das weiß jeder vernünftige Läufer. Aber wer ist schon vernünftig? Orthopäden und Chirurgen wollen ja auch leben. Kopfschüttelnd habe ich bisher beobachtet, wie andere ihre Sehnen und Gelenke quälen, bis sie quasi die Krücken bestellen können. Jetzt aber gehöre ich zu den anderen.

Es fängt so harmlos an. Eine kleine Runde am Elbe-Seitenkanal, ein plötzlicher Schmerz im linken Fuß. Ich humple nach Hause und denke: Klar, das liegt an den alten, verschlissenen Schuhen – weg mit ihnen. Ein paar Tage später: Mein Fuß meldet sich wieder mit einem unangenehmen Ziehen am Kanal. Da habe ich mir wohl etwas zu viel zugemutet. Jetzt also eine ganz langsame Runde. Aua! Diesmal komme ich gar nicht erst bis zum Kanal.

Nichts läuft mehr außer meinem Angstschweiß. Denn neun Wochen vor dem Marathon-Debüt geht man nicht einfach zum Arzt. Ich weiß genau, was der sagt. Das, was Ärzte, die eh höchstens Golf spielen, gern erzählen. Das, was ich überhaupt nicht gern höre. „Sport ist halt Mord", jubiliert meine Gute, „deinen Marathon kannst du vergessen". Empathie hört sich anders an.

Nach einem weiteren Humpel-Tag gebe ich die Vokabeln Mittelfuß, Verletzung und Marathon in die Suchmaschine ein. O Schreck, die ersten von gut 5110 Treffern gefallen mir gar nicht. Ermüdungsbruch, Marschfraktur, Haarriss, Splitterbruch. Au weia. Olympia-Qualifikation, gute Nacht. Mir dämmert's langsam, dass es ohne Doktor nicht einmal mehr für den nächsten Lüneburger Tiergartenlauf reichen könnte. Also hin zum guten Mann.

Der macht gar keine Anstalten, mich in die Röhre für eine Computertomographie zu schieben oder wenigstens zum Röntgengerät zu begleiten, sondern stellt nach gefühlten drei Sekunden lakonisch fest, dass hier gar nichts Relevantes kaputt ist.

„Da ist vielleicht ein Nerv oder eine Sehne etwas gereizt", erzählt er und hat offenbar große Mühe, ein Gähnen zu unterdrücken. Könnte denn nicht wenigstens ein klitzekleiner Splitterbruch vorliegen? „Und wenn schon. Behandeln könnte man den eh nicht. Das wächst schon wieder zusammen." Ich soll mich mal ein, zwei Wochen zurückhalten, dann ist es schon gut.

Geknickt verlasse ich die Praxis – die so spannende Krankengeschichte ist in sich zusammengebrochen wie ein Kartenhaus bei Orkanböen. Und das Schlimmste: Ich kann bald wieder bedenkenlos trainieren. Fast hatte ich schon begonnen, die gesparte Zeit für vernünftige Freizeitaktivitäten einzuplanen.

Doping für Arme

Warum ich ein Vermögen für Unkraut ausgegeben habe und mittlerweile doch lieber bei Lakritz gelandet bin.

Ackerschachtelhalmkonzentrat. Ein Wort wie geschaffen für einen Einbürgerungstest. Wer das 28 Buchstaben lange Ungetüm einwandfrei aussprechen kann, der erhält den deutschen Personalausweis und den Reisepass an Ort und Stelle ausgehändigt. Wer aber zudem erklären kann, was Ackerschachtelhalmkonzentrat eigentlich ist und wozu der rätselhafte Saft gut sein soll, der muss sich irgendwann auf einen Marathon vorbereitet haben.

Für meine Liebste ist Ackerschachtelhalm nur Unkraut. Für viele Landwirte ein fieser Schmarotzer, der rein gar nichts auf ihren Äckern zu suchen hat und deshalb intensiv mit Herbiziden bekämpft wird. Angehende Marathonis aber zahlen freudig 15,95 Euro für 100 Milliliter der braunen Flüssigkeit, die nicht nur so aussieht, als sei sie aus alten Socken gewrungen worden, sondern exakt so riecht und leider auch schmeckt.

Was derart übel daherkommt, muss ja zu irgendetwas taugen. Die Sommertriebe enthalten gut zehn Prozent natürliche Kieselsäure. Was immer das ist, es klingt schon mal gut. Das Konzentrat hilft gegen Rheuma und Gicht, behauptete Sebastian Kneipp, der Erfinder der gleichnamigen Becken. Es beugt angeblich Blasenentzündungen vor. Und – jetzt folgt der interessante Teil für Läufer – es soll während intensiver Trainingsperioden Entzündungen in unseren morschen Sehnen und Gelenken verhindern.

Wann habe ich schon einmal gefühlt intensiver trainiert als vor meinem ersten Marathon? Zum Beispiel auf Poel, einer idyllischen Ostsee-Halbinsel nahe Wismar mit wunderschönen Laufstrecken. Leider auch mit viel zu herrlichem Wetter: Spätestens um neun Uhr schwitzten wir schon durchs Nichtstun wie Saunagäste nach dem fünften Aufguss. Also gewöhnte ich, einst der berüchtigste Langschläfer der nördlichen Erdhalbkugel, mich daran, morgens um sieben meine Runden zu starten. „Du bist doch völlig verrückt", meinte meine Liebste nur, kaum besänftigt durch die Brötchen, die ich immer von den frühen Runden mitbrachte. Und dabei hatte ich das Ackerschachtelhalmkonzentrat sorgfältig vor ihr versteckt.

Wie erklärt man auch einer Nicht-Läuferin die Wunderwirkung dieser Plörre, die ich jeden Morgen in ein Glas Wasser einrührte und eiligst hinunterstürzte – in der Hoffnung, dass meine Geschmacksrezeptoren davon nicht allzu viel mitbekommen? Ohne diese Kur, da war ich mir sicher, würde ich bei meinem ersten Marathon spätestens nach 35 Kilometern wimmernd zusammenbrechen, weil ich die Schmerzen in den komplett oxidierten Knochen einfach nicht mehr aushalten kann.

Und waren die anderen Läufer nicht auch so drauf? Einer, im Lauftreff nannten wir ihn liebevoll den Taucher, machte sich vor dem ersten Marathon eindeutig mehr Gedanken darum, was er vor und während des Laufs essen und trinken muss, als um sein Trainingsprogramm. Bald war er leider abgetaucht. Andere schworen in diesem Jahr auf „Low Fat", im nächsten auf „Low Carb" und im übernächsten versuchten sie es gar mit der Saltin-Diät. Letztere wirkt besonders widersinnig: Ein paar Tage vorm großen Lauf gaben sie richtig Gas, um die Kohlenhydratspeicher komplett zu entleeren – und dann futterten sie bis zum Anschlag Nudeln und Reis, um sie wieder so effektiv wie möglich aufzufüllen.

Das ist ja das Schöne am Laufsport. Egal, wie verrückt man ist, es gibt unendlich viele Möglichkeiten, noch viel verrücktere Menschen zu treffen. Steht irgendwo in neonbunten Lettern Power oder Energy drauf, dann bezahlen selbst Pfennigfuchser, die ansonsten vorm Wiegen das Grüne von den Rispentomaten sorgfältig entfernen, ein Vermögen.

Die Geschichte mit dem Ackerschachtelhalmkonzentrat hatte sich für mich allerdings bald erledigt. Die langen Runden auf Poel bekamen vor allem meinem rechten Fuß gar nicht gut. Jürgen und Susanne, meine damaligen Lauftreffleiter, hatten mir das Konzentrat wärmstens empfohlen. Jetzt empfahlen sie mir eine graue, stinkende Masse, die ich wenigstens nicht oral einnehmen, sondern nur um meinen Fuß kleistern musste. Ohne dieses Wundermittel hätte ich bestimmt zwei Wochen pausieren müssen, so ging es schon nach vierzehn Tagen weiter mit dem Training. Ohne die Plörre. Und ich habe den ersten Marathon trotzdem überlebt, wenn auch nur knapp.

Aber die Versuchungen prasselten und prasseln weiter auf mich und meine Mitläufer ein. Kein Laufladen kann auf eine Apotheken-Ecke verzichten, auf Kapseln und Getränke, auf Gels und Pülverchen. Doping für Arme? Ach was. Wir armen Otto-Normal-Läufer, die nicht mit dem Talent und dem Körperbau eines kenianischen Spitzenathleten gesegnet sind, wollen uns die Schinderei doch nur ein klitzekleines bisschen einfacher machen. Wir haben Angst vor Schmerzen oder Einbrüchen. Wir wollen das Optimum aus uns herausholen, auch wenn es letztlich nur Platz 3000 beim City-Marathon bedeutet.

Das Ackerschachtelhalmkonzentrat habe ich nie wieder angerührt. Die Experimente gingen trotzdem munter weiter. Von Vitaminpräparaten, Zink oder Magnesium halte ich weiterhin wenig bis nichts. Aber nach wie vor bin ich wie so viele Mitstreiter der festen Überzeugung, dass ich ohne drei Gels in der Tasche niemals die Ziellinie eines Marathon sehen würde. In Leipzig hatte ich nur zwei eingepackt – und schon machte ich nach 32 Kilometern schlapp. Das ist doch kein Zufall.

Das größte Schlachtfeld für Ernährungstipps bleibt aber das Körpergewicht. Ein überflüssiges Kilo bedeutet gut zwei zusätzliche Minuten Laufzeit pro Marathon. Und mit meinen im zivilen Leben durchaus annehmbaren Maßen von 88 Kilogramm bei 188 Zentimetern Körperlänge gelte ich in ambitionierten Läuferkreisen durchaus als hoffnungslos fetter Wonneproppen.

Die Illusion, dass man durch intensives Laufen automatisch immer leichter wird, habe ich längst verloren. Mein Körper will halt

---

Völlig alle auf Malle *(Mallorca-Marathon 2008)*

Was habe ich alles in mich hineingeschaufelt! Wasser, eklig süße Elektrolyte, Salztabletten, Bananen, zwei Kohlenhydrat-Bomben in Marshmallow-Form – es ist zu wenig. Meine ersten 35 Kilometer laufen problemlos, zu problemlos. Robotergleich halte ich meinen Schnitt, lasse mich nicht einmal durch die Bratwurst-Dämpfe um den Ballermann 6 herum aus dem Rhythmus bringen.

Dann die Dünen. Die Sonne im Nacken, die Kathedrale von Palma immer noch nicht in Sicht. Ich fühle mich allmählich wie ein Becher Vanilleeis in der Mikrowelle. Hoppla, bin ich da in eine Absperrung gelaufen oder war das jemand anderes? Laufe ich da gar Schlangenlinien? Ich laufe sie. Und Sekunden später wird mir schwarz vor Augen und ich sitze auf dem Hosenboden. Nichts geht mehr.

Kennen Sie Walt Disneys Fußballspiel der Tiere? Die Geier, die sich sofort auf jeden Krankheitsfall eben wie die Geier stürzen und dann enttäuscht wieder von dannen schleichen, wenn es nichts zu tun gibt? Ein Krankenwagen nach dem anderen hält neben mir an.

nicht 77 Kilo wiegen, sondern lieber 88. Und wenn ich ihn schon mit langen Läufen, Intervalltraining und Testwettkämpfen schinde, muss ich ihm doch wenigstens bei den Mahlzeiten etwas gönnen, ohne allzu intensiv an Nahrungspyramiden, Brennwerte und Kalorienbilanz denken zu müssen.

Da denke ich lieber an eine Studie, die unter dem Motto „Manche Lebensmittel tun dem einen gut – und machen den anderen krank" als Ergebnis das gebracht hat, woran ich schon immer geglaubt habe: Was dem einen seine Eule, ist dem anderen seine Nachtigall. Und was dem einen sein Ackerschachtelhalmkonzentrat, ist mir eine Tüte Lakritz. Ist nicht nur billiger, schmeckt auch besser.

„No hospital, I want to go to the finish", stammle ich. Eine Viertelstunde später liege ich nicht mehr, sondern sitze immerhin schon. Eine weitere Viertelstunde später stehe ich gar. Und allmählich wird mir klar: Wenn ich ins Ziel will, dann muss ich das aus eigener Kraft schaffen.

Ich schlurfe vom Parkplatz weg, sehe keine zehn Schritte später die Kathedrale von Palma vor mir. Gehe, laufe, renne wie die Inkarnation von Forrest Gump. Ein Kilometer vorm Ziel warten die anderen Lüneburger auf mich, schwenkten ein Plakat („Poolboy gesucht") und jubeln. Ich habe die Gänsehaut meines Lebens.

In der Katastrophenzeit von 4:47:19 erreiche ich das Ziel. „Nie wieder", ist mein erster Gedanke. „Nie wieder auf Malle", mein zweiter. Mein persönlicher Medizinmann Ferdi ist trotzdem stolz auf mich und erklärt, was schief gelaufen ist: „Deine Speicher waren völlig alle. Das war der klassische Mann mit dem Hammer."

Hammerhart. Er hat mir ein Hammergel geschenkt, Geschmacksrichtung Vanille. Schmeckt bestimmt großartig, vor allem garniert mit Salztabletten.

Der Pokal für die hinteren Ränge

*Warum man Finisher-Shirts viel zu früh bekommt --
und oft auch früher als erwartet entsorgt.*

Und dafür habe ich mich mehr als vier Stunden auf Mallorca gequält. Für ein ärmelloses Shirt in laubfroschgrün und quietschgelb, dominiert vom Logo des Hauptsponsors. Mein allererstes Finisher-Shirt. Dabei führt der Name eindeutig in die Irre. Finisher-Shirts erhält man nicht nach dem Lauf, sondern schon bei der Anmeldung zusammen mit Startnummer, Shampoo-Probe, Energieriegeln und ganz viel Reklame. Einige Leute starten sogar im Finisher-Shirt, was ja ein Widerspruch in sich ist. Ich hingegen hatte es mir erst einmal hart verdient.

Dann blieb es erst einmal lange im Schrank liegen. Was soll man schon im deutschen Spätherbst oder Winter mit einem ärmellosen Hemd anfangen? Im Frühling stellte es sich dann recht bald als nicht eben hochwertig produziertes Teil heraus. Drastischer formuliert: Nach einer kleinen Runde stank man in diesem Shirt, als hätte man mit einem Polyester-Hemd aus den Siebzigern eine ganze Nacht in einem überheizten Partykeller durchgetanzt.

Bald lösten sich die ersten Nähte, das Shirt leierte aus. Und ich verstand die Welt nicht mehr. Ich hätte doch für die Veranstaltung, den Hauptsponsor und für den Sportartikelhersteller in diesem Finisher-Shirt wunderbar Reklame laufen können – warum knausert man dann so bei der Qualität? Am falschen Ende gespart, fand ich.

Finisher-Shirt Nummer 2 aus Lübeck kam dann in straßenarbeiterorange mit dunkelgrauen Applikationen daher, löste sich bereits nach der zweiten Wäsche allmählich in seine Bestandteile auf. Nummer 3 von einem Halbmarathon in Hamburg hingegen nahm nach zwei-, dreimaligem Gebrauch die Dimensionen eines Nachthemds in Größe XXL an. Und ich begann, bei Anmeldungen mein Kreuzchen für die Bestellung dieser Shirts zu verweigern. Bunte Wischlappen hatte ich zu Hause mittlerweile genug.

Ein paar Trophäen in T-Shirt-Form haben die Jahre aber doch überdauert. Die Leibchen von meinen niederländischen Läufen in Amsterdam und Rotterdam waren nicht nur vergleichsweise dezent gestaltet, sondern erwiesen sich auch als hochwertig genug für meinen Trainingsalltag. Und es ist doch immer wieder herrlich, bei Dorfrennen in Ahrensburg oder Amelinghausen auf Leute im gleichen Shirt zu treffen. Eben noch kannte man sich überhaupt nicht, plötzlich tauschen wir wie die allerbesten Kumpel Erfahrungsberichte von unserem gemeinsamen Lauf bei den Wohnwagenfahrern aus. Auch wenn man sich damals überhaupt nicht gesehen hat und der andere den Amsterdam-Marathon schon gut eine halbe Stunde vor mir beendet hat.

Wie gehe ich aber mit einem Shirt zu einem Lauf um, den ich krankheitsbedingt nicht beendet, ja gar nicht erst angefangen habe? Ich zog es mir ein paarmal verschämt unter die Laufjacke, sortierte es recht bald aus und versteigerte es über eBay zu einem recht ordentlichen Preis. Das wirft natürlich die Frage auf: Wer kauft denn nachträglich solche Shirts, rennt am Ende stolz mit einer Trophäe von einem Lauf herum, den er wahrscheinlich nicht einmal von weitem gesehen hat? Warum läuft einer, ohne rot zu werden, mit dem Shirt „New York Marathon 2007" herum, von dem jeder doch weiß, dass er selbst heute kaum zehn Kilometer unfallfrei hinter sich bringen kann?

Zuletzt in Florenz bin ich wieder schwach geworden und habe das erste langärmlige Finisher-Shirt meiner bescheidenen Lauf-Karriere erworben. Klasse: Nach zwei Wäschen sind die Ärmel so lang, dass ich mir mittlerweile die Handschuhe sparen kann.

Nase voll

*Warum es nie den richtigen Moment
für eine Erkältung gibt.*

Lange, bevor ich als Gesamtpaket das Laufen für mich entdeckt habe, preschte ein Körperteil von mir voran: die Nase. Im Winter plagte mich ein Infekt nach dem anderen, mit den ersten wärmeren Tagen machte sich der Heuschnupfen bemerkbar, und nach ein paar Wochen Durchatmen im Hochsommer kehrte der Rotz spätestens mit dem ersten Herbststurm zurück. Es war eine rechte Plage. Für mich, der an guten Tagen auch schon mal zwölf bis fünfzehn Packungen Papiertaschentücher verbrauchte, aber erst recht für meine Umwelt. Denn geräuschlos ging die elende Putzerei der Nase nicht vonstatten.

Mittlerweile weiß ich aber, dass einen die Laufrunde bei Nieselregen nicht gleich umbringt und dass ich durchaus auch ein paar Kilometer durch ein Birkenwäldchen im April überleben kann. Das Herumrennen härtet wirklich ab.

Mich erwischt die Rüsselpest inzwischen nur noch selten. Wenn aber, dann regelmäßig im ungünstigsten Moment. Wie hatte ich zum Beispiel meinem allererersten Halbmarathon entgegengefiebert! Das mit dem Fiebern nahm ich leider nur allzu wörtlich. Zig Wochen lang habe ich eisern trainiert und nicht einmal gehustet. Bei schönstem Juni-Wetter holte ich am Tag vorm Lauf meine Startunterlagen schon mit einem flauen Gefühl im Magen ab, bei einer kleinen Tretboot-Runde auf der Alster mit der Familie fing ich schon an zu keuchen wie bei einer Matterhorn-Besteigung. Und am Abend war ich nur noch ein Häuflein Elend, kaum noch zu erkennen in einem Berg von benutzten Taschentüchern. Mein erster DNS-Wettkampf. Did not started – oder auch: dämliche Nasen-Seuche.

Zufall? Auch laufende Freunde erlebten es immer wieder, dass der Organismus hartes Training bei scheußlichstem Wetter gut wegstecken kann. Aber sobald sie unmittelbar vorm Wettkampf kürzer treten, hat sie die Schnieferei im Griff. Und dann? Im Zweifelsfall messe ich Fieber. Liege ich auch nur leicht über 37 Grad oder habe ich Gliederschmerzen, ist mir mein Leben im Zweifelsfall doch wichtiger als Platz 3490 beim Hella-Halbmarathon. Denn eine Herzmuskelentzündung hat man in der Regel nur einmal. Ansonsten laufe ich halt mit meiner Nase um die Wette. Ich hab es gerade ausprobiert: In meinen neuen Laufgürtel passen drei Taschentuch-Packungen. Wenn ich dann noch drei in die Jacke und eine hinten in die Hose packe, dann könnte diese Ration vielleicht reichen, um auch bei Schnupfen einen lockeren Zehner durchzuhalten.

Freiheit für die Ohren

Warum ein Hörsturz auf dem 37. Kilometer manchmal durchaus eine akzeptable Alternative wäre.

Samba! Wer ist eigentlich auf die Idee gekommen, dass ein deutscher City-Marathon ohne brasilianisch anmutende Percussion gar nicht erst gestartet werden darf? Und in der Regel ist es nicht eine einzige Samba-Gruppe, sondern gleich ein Dutzend, die stundenlang mit wachsender Begeisterung den Rhythmus angeben.

Die erste erwartet das Läuferfeld nach zwei, drei Kilometern. Viele Athleten strecken munter den Daumen nach oben, schenken vor allem den Damen – die meist dem Volkshochschulkurs „Südamerikanische Klänge" und nicht Rio de Janeiro entstammen – einen anerkennenden Blick, der nicht immer nur ihren musikalischen Qualitäten gilt. Nach fünfzehn oder zwanzig Kilometern merken wir erst, dass die Samba-Gruppen einen Takt vorgeben, den unsere allmählich müder werdenden Knochen gar nicht mitgehen können. Folge: Oft genug laufen wir in Hörweite dieser Musiker deutlich schneller, als wir laufen sollten. Und nach 38 Kilometern geht zumindest mir jegliche musikalische Untermalung, ob nun Samba oder Schlager, einfach nur noch auf den Geist. Wenn schon fast jede Faser meines Körpers bis zum Anschlag angespannt ist, dann sollen wenigstens meine Ohren verschont bleiben. Ich will in aller Ruhe leiden.

Aber ich will ja nicht gemein sein. Manchmal ist es ja das nette Lächeln der Samba-Tänzerin oder die ansteckend gute Laune der ganzen Combo, die einen die nächsten hundert Meter etwas beschwingter laufen lässt. Außerdem: Es geht alles immer noch viel schlimmer.

Denn ich hasse besonders eine Art von Musik: die typische Radiomusik. Die Gute-Laune-Mucke, die den wehrlosen Frauen und Männern in den Gehörgang geblasen wird, ertönt ansonsten auf den Sendern, die uns von Flensburg bis Garmisch das Beste aus den Achtzigern, Neunzigern und von heute versprechen und dann doch seit vielen Jahren aus gefühlt höchstens zehn massenkompatiblen Hits wählen.

Richtig gefährlich wird's bei kleineren Laufveranstaltungen, die oft nur dank des Einsatzes der Ü-70-Generation am Leben gehalten werden. Die Kehrseite der Medaille: Die Silberrücken lassen sich die Gelegenheit nicht entgehen, den jungen Hüpfern zu zeigen, was sie unter anständiger Musik verstehen. Als ich neulich in Springe am Deister zum Halbmarathon angereist war, hörte ich beim Betreten des Sportgeländes „Willst du mit mir gehen?" von Daliah Lavi – und das bestimmt zum ersten Mal seit gut vierzig Jahren. Ich blieb tapfer und bin nicht gegangen …

Große Events werden dagegen häufig von Radiostationen gesponsert oder zumindest als Werbebühne hemmungslos missbraucht. Bei meinem Marathon in Hamburg etwa erwartete mich Höhe Rothenbaum, also gut fünf Kilometer vor dem Ende, die NDR-Tribüne mit dem schwer verdaulichen Gassenhauer: „Schatzi, schenk mir ein Foto". Das machte mir Beine. Und im Ziel, spätestens bei der Siegerehrung, wartet unweigerlich: „We are the Champions". Queen hat sich zu einer Musikgruppe entwickelt, die jeder einfach gut finden muss – ähnlich wie AC/DC oder die Rolling Stones. Meine Meinung: Sollten durch eine technische Katastrophe eines Tages sämtliche Aufnahmen von „We are the Champions" unwiderruflich gelöscht werden, dann wäre dies nicht der schlechteste Tag für die Menschheit.

Doch es gibt Hoffnung. Sensationell finde ich, dass sich ein Musikstück namens „Marathon" noch nicht bei selbigen Veranstaltungen als Beschallung durchgesetzt hat. Ein einziges Mal hörte ich es – und zwar beim Fußball in Norderstedt. „Da versucht eine Schlagertussi verzweifelt, wie Helene Fischer zu klingen", dachte ich damals. Wie ich später recherchierte, gab ihre Blondheit selbst die Lebensweisheit „Mein Herz läuft Marathon, wenn ich in deine Nähe komm" zum Besten.

Andere Länder, andere Töne. In Amsterdam etwa fiel ich vor Schreck fast um, als bei Kilometer 30 ein DJ das Feld mit Techno-Klängen in Düsenjäger-Lautstärke beglückte. In der niederländischen Provinz dagegen, zum Beispiel in Apeldoorn oder Doetinchem, sorgen holländische Blaskapellen – nur echt mit der weiß lackierten Tuba – für allgemeine Glückseligkeit. Die Florentiner wiederum drehten an jeder zweiten Ecke zwecks Stimmungsmache einfach das Radio oder die Musikanlage auf volle Lautstärke. So verzerrt, dass ich kaum noch Beethoven von den Sex Pistols unterscheiden konnte. Da war der Hörsturz genauso garantiert wie der Muskelkater am Tag danach.

Je mehr Musik ich auf diversen Läufen genossen habe, umso lieber ist mir die Stille beim alltäglichen Training geworden. Anfangs gehörte der MP3-Player zur festen Grundausstattung. Irgendwann hatte ich aber die Ohrhörer verlegt. Kaum tauchten sie wieder auf, hat mir irgendjemand das Aufladekabel gemopst. Und inzwischen verstaubt der Player in der Schublade.

Es ist etwas passiert. Ich laufe ohne Musik. Und das klappt. Wenn ich mit anderen unterwegs bin, ob im Wettkampf, beim Lauftreff oder einfach so, habe ich mich grundsätzlich noch nie berieseln lassen. Nun aber auch als Sololäufer. Was ist da nur passiert?

Musik war fast von meiner ersten Runde an mein treuer Begleiter. Sie hat motiviert, mir einen Rhythmus vorgegeben, mir beim Abschalten geholfen und vor allem bei längeren Runden die Langeweile vertrieben. Ein alter Freund, der keine Fragen stellt – das war für mich Musik.

Doch inzwischen habe ich festgestellt, dass ich unbeschallt beim Laufen besser abschalten kann. Irgendwann lenkt mich nichts mehr ab. Nicht einmal die Musik.

Sightjogging

Wo man nur bei Starkregen
den reinen Laufgenuss erfahren kann und
wo man sich gern mal ein bisschen verirrt.

Waren das noch Zeiten, als ich mich in einem Urlaub allenfalls für Einkaufs- und Ausgehmöglichkeiten interessiert habe. Wie kommt man zum Strand, wo ist eine nette Pizzeria, wo kann man abends gemütlich ein Bierchen zu sich nehmen? Mehr Fragen haben sich vierzehn Tage lang nicht gestellt. Mittlerweile laufe ich, auch im Urlaub. Ich habe Länderpunkte in Spanien, den Niederlanden, Belgien, Polen und Italien gesammelt. Und fast auch in Dänemark, wenn ich mich in Flensburg nicht hoffnungslos verirrt und die falsche Seite der Förde angesteuert hätte.

Verirrt – das ist das Stichwort, insbesondere zu Zeiten vor dem Smartphone. Verirrt habe ich mich schon beim letzten lockeren Läufchen auf Mallorca vor meinem ersten Marathon, das statt acht dann doch eher fünfzehn Kilometer lang wurde. Verirrt habe ich mich auch bei meinen abendlichen Runden in einem Holland-Urlaub mit meinen Jungs, was aber halb so wild war. Irgendwann stößt man in den Niederlanden grundsätzlich wieder auf einen Radweg, der selbst im hintersten Winkel der abgelegensten Provinz eine perfekte Ausschilderung der nächstgelegenen fünfhundert Orte bietet. Außerdem: Wer zwei Jungs den ganzen Tag über bespaßt, der ist abends gar nicht so böse über ein paar zusätzliche Laufminuten.

Das Kontrastprogramm zum gemütlichen Loopje bietet Polen. Warum sah ich zum Beispiel tagelang bei schönstem Laufwetter in einer 630.000-Einwohner-Stadt wie Breslau keinen einzigen Jogger? Als ich selbst mal zu einer Runde aufbrach, merkte ich schnell, dass ein paar böse Vorurteile über Polen sogar stimmen. Sie fahren wirklich äußerst gern Auto. Und äußerst schnell. Tempo 40 ist zum Beispiel auf der Kazimierza Pułaskiego nahe unserer Haustür angesagt. Unter 70 bis 80 donnert da absolut niemand entlang. Die Ampelschaltungen fallen grundsätzlich nicht fußgängerfreundlich aus, und die ewig langen Rotphasen sollte man peinlichst genau beachten. Um irgendeine Ecke kommt immer noch ein Auto, Bus oder Lastwagen geknallt.

Alle wunderten sich bestimmt gemeinsam über den verrückten Deutschen, der sich todesverachtend durchschlägt und Richtung Dominsel abbiegt. Diese ist der einzige Ort in Breslau, an dem eine nennenswerte Zahl von Touristen unterwegs ist. Und Nonnen. Und Schulklassen. Und diesmal sogar ein Filmteam. Bloß weg hier.

Am Tag vor der Abreise habe ich übrigens bei einer Radtour entdeckt, dass ich nur einfach stadtauswärts weiter hätte laufen sollen. Gleich hinter der Jahrhunderthalle beginnen wunderschöne Waldwege entlang der Oder und sogar eine exakt 5940 Meter lange Loipe „zwischen den Brücken" – sogar an Kilometerschilder entlang der Strecke ist gedacht. Genutzt wurde diese Luxusstrecke nur von zwei Walkerinnen.

Für ganz andere Probleme bürgt Krakau, eine wunderbare, aber gnadenlos überfüllte Stadt. Direkt vor unserer Unterkunft befand sich der Planty, der Ring-Park, der die historische Altstadt von Krakau umfasst. Von der alten Königsburg über die historische Universität bis hin zu malerischen Stadtmauern – auf vier Kilometern drängeln sich die Sehenswürdigkeiten, für die man an anderen Flecken dieser Welt wochenlang unterwegs wäre. Eine Route wie geschaffen fürs Sightjogging. Theoretisch.

Waffeltüten statt Ostereier
(Paasjogging in Olmen/Belgien 2011)

Wer zufällig über Ostern mal in Olmen vorbeischaut, kann spontan beim Paasjogging mitmachen, der vom OVC, einem Volleyball-Club, ausgerichtet wird. Niemand wird allerdings mal zufällig in Olmen vorbeischauen. Das Dorf liegt im belgischen Nirgendwo, hat weder nennenswerte Sehenswürdigkeiten noch touristische Bedeutung. Nur Ostern, da fallen Läufer aus halb Flandern und den Niederlanden in den Ort ein. Und diesmal auch ein Deutscher, nämlich ich.

Mein Personalausweis, der von der Dame im Organisationszelt erst einmal mit spitzen Fingern inspiziert wird, reicht für die Anmeldung – dann muss ich mich entscheiden, ob ich mir eine, zwei, drei, vier oder fünf Runden à vier Kilometern zumuten mag.

Ich entscheide mich mutig für drei und bewunderte das Gewusel um mich herum. Drahtige Alte, rundlichere Junge, viel Jahrgangs-Mittelklasse und ein ausbaufähiger Frauenanteil. Ein Trubel und eine Aufregung wie bei deutschen Volksläufen. Mit dem kleinen Unterschied, dass fast alle Teilnehmer ein Vereins-Shirt tragen, ich also wunderbar gucken kann, wer da aus Balen, wer aus Hasselt oder wer aus Geel kommt.

Praktisch könnten Sie auch versuchen, an einem sonnigen Adventssamstag durch die Innenstadt einer x-beliebigen deutschen Metropole zu laufen. Es geht einfach nicht, so überragend überfüllt sind die Wege. Die Touristen können einem offenbar mit ihren allgegenwärtigen Rollkoffern nicht ausweichen, die Einheimischen wollen dagegen gar keinen Platz machen. Sie führen stolz ihre Hunde aus, ein paar haben sogar Katzen an der Leine. Unmöglich, hier auch nur hundert Meter ungestört zu laufen.

Bis zu dem Sonntag, als es in Krakau regnet. Und wenn es dort mal regnet, dann aber richtig. Gemütliches Gammeln auf dem Sofa ist

Los geht's. Die Schnellsten preschen ungeachtet der Nachmittagshitze wie die Wilden los und werden nie wieder gesehen, die Langsamsten sollte selbst ich überrunden – ein Leistungsgefälle also wie bei deutschen Volksläufen. Der Unterschied: Hier findet sich tatsächlich Publikum ein. Und das nicht zu knapp. Das halbe Dorf feuert uns bei Start und Ziel an, das andere halbe steht auf der Strecke. Und die dritte Hälfte läuft mit.

Einige Anlieger haben dankenswerterweise ihre Gartenberegner auf die Straße ausgerichtet oder halten gleich Wasserschläuche bereit – noch nie habe ich die Belgier so geliebt. Nach meiner dritten Runde darf ich Richtung Ziel abbiegen, während beschämend viele der Einheimischen sich locker auf die vierte oder fünfte Runde begaben.

Egal, im Ziel bekomme ich eine große Tüte belgischer Waffeln, ordentlich Getränke und Orangenspalten in die Hand gedrückt. Ein fein angezogener Herr stürmt mit Mikrofon zielgerichtet auf mich zu. Ich verstehe nur „mooi" und „Duitser", nicke artig, bekomme noch mehr Waffeln in die Hand gedrückt, erzähle etwas von einem „lekker loopje" und bin damit schon wieder entlassen. Mit einem dicken Waffelpaket, das auch den Kalorienverbrauch von fünfzig Runden gut ausgeglichen hätte. Und das dann meine Jungs innerhalb weniger Minuten wegfuttern.

angesagt. Bis ich aus dem Fenster schaue und weiß: Wenn ich hier eine Runde drehen will, dann jetzt. Ich hatte nur ein kurzärmliges Shirt und Shorts eingepackt, war nach den ersten paar Schritten durchnässt bis auf die Knochen. Und nach den nächsten Schritten war mir das schon komplett egal.

Und wenn man eh schon nass ist, so denke ich nach einer Runde, dann kannst du jetzt auch noch eine zweite drehen. Und auf der kommt mir tatsächlich ein anderer Läufer entgegen. Ein älterer, drahtiger Herr, der lacht, als er mich erblickt, und den Daumen hebt. Ich mach' das gleiche. Wenn uns sonst niemand versteht, wir verstehen einander.

Offenes Ohr inklusive

Warum der richtige Laufladen
mehr bietet als nur Schuhe und Trinkgürtel.

Läufer mögen den Ehepartner wechseln, die Arbeitsstelle, den Wohnort oder sogar die Konfession. Wirklich aus Überzeugung treu sind sie dagegen ihrem Laufladen. Wer sich einmal auf ein Geschäft festgelegt hat, der lässt dort gern einen nicht unbeträchtlichen Prozentsatz seines Gehalts. Man muss ja auch die Gegenleistung betrachten. Und die ist unbezahlbar.

In Ratgebern für Laufanfänger stehen viele schlaue Sätze. Einer stimmt sogar uneingeschränkt: Man sollte sich von Beginn an auf eine vernünftige Beratung durch Experten verlassen. Und diese Experten stehen in aller Regel nicht im Kaufhaus und auch nicht in dem Sportgeschäft, das vor allem vom Verkauf überteuerter Bayern- oder BVB-Leibchen lebt. Experten finden wir in Laufläden.

Laufläden sind übrigens entgegen einer weit verbreiteten Meinung nicht dazu da, dass die Leutchen sich eine halbe Stunde lang beraten lassen, zwölf Paar Schuhe auf dem Laufband testen – und das passende dann für zehn Euro weniger im Internet bestellen. Pfui! Wer sonst kann denn einem blutigen Anfänger beibringen, was eigentlich eine Pronationsstütze bewirkt, dass Fersenläufer andere Schuhe brauchen als Vorfußläufer und dass ein 110-Kilo-Mann mit Natural-Running-Tretern nicht ganz optimal ausgestattet ist?

Vor allem aber hat der Laufladen-Verkäufer ein Herz für uns Läufer. Und ein offenes Ohr. Bisweilen drängt es mich in meinen Lieblingsladen nur, weil der Laufalltag trist und höhepunktarm vor sich hin wabert und ich unbedingt mal wieder einen kleinen Ansporn brauche. Laufsocken, die zu meinem himmelblauen Shirt passen. Ein Gel, das ich in einem halben Jahr bei Kilometer 30 in mich hineindrücken werde, um den Rest des Marathons nicht völlig auf Felgen bewältigen zu müssen. Irgendwas halt.

Die gute Verkäuferin oder der gute Verkäufer stellen dann die Standardfrage: „Na, du hast doch bestimmt noch etwas Großes in diesem Jahr vor?" Und dann lauschen sie oder er meinen Ausführungen über Zielzeiten und Rückschläge, über das Besondere an der Kursführung des Marathons in Posemuckel oder über das mysteriöse Ziehen in der Wade, das ich immer bei Bergab-Passagen habe. Kurzum, sie sind quasi der Friseur des Läufers, hören immer geduldig und andächtig zu. Ab und zu haben sie sogar etwas Sinnvolles zum Thema beizusteuern. Einige von ihnen stehen bei einer Marathon-Bestzeit von 2:45 und schneller, einer hat sogar schon den Ironman auf Hawaii mit einem zweistelligen Platz abgeschlossen – und wir reden nicht von Altersklassenwertungen. Aber alle geben sich beste Mühe, meine geschundenen Füße und Beine zumindest für ein paar Minuten als Mittelpunkt auch ihres Universums zu sehen.

Dafür bin ich dankbar und kaufe bisweilen auch Dinge, die nach ein paar Wochen nur noch meinen Schrank verstopfen. Trinkgürtel und Laufrucksäcke, das vierte Tuch und die fünfte Kompressionssocke. Und natürlich immer wieder Schuhe. Sie geben sich beste Mühe, mir die Vorzüge des allerneuesten Schreis zu erklären – zum Beispiel die schönen Teile aus der Schweiz, in denen man wie auf Wolken schweben soll. Die Cloud-Dämpfung war bei mir leider nach wenigen Wochen durchgebrochen. Danach gestand mir die Verkäuferin: „Du, ich trage die mittlerweile auch lieber nur als ganz normale Straßenschuhe."

Seitdem gilt für mich erst recht: Ich lass' mich gern mal eine halbe Stunde beraten, kauf' dann doch wieder das Modell, dem ich seit Ewigkeiten vertraue und das alle paar Monate mit neuen Signalfarben aufgelegt wird und sich dann Wave Rider 19 oder Cumulus 43 nennt. Mit einem Laufladen ist es halt wie mit einer Ehe: Ein bisschen Abwechslung schadet der Beziehung nicht, aber übertreiben sollte man es auch nicht.

Höhere Mathematik

Warum ich immer Bestzeiten laufen würde,
wenn ich mich nur nicht ständig verrechnen würde.

Wozu ist diese ganze elende Mathematik aus der Schule eigentlich nötig? Ich kam seit dem Abi nie wieder in die Verlegenheit, Vektoren miteinander zu multiplizieren, die Fläche eines Ikosaeders zu berechnen oder wenigstens eine Kurvendiskussion zu führen – mit wem auch?

Doch wer läuft, sollte wenigstens eins und eins ohne Nutzung technischer Hilfsmittel zusammenrechnen können. Immer gibt es etwas zu berechnen – das fängt schon bei den allerersten Runden an.

Das kleine Einmaleins lernte ich als Anfänger schneller als das Laufen an sich. Es drehte sich alles um die Frage: Wie lange noch? Wie viele Kilometer muss ich noch hinter mich bringen? Wie viele Minuten muss ich noch leiden? Wie groß ist die Chance, dass ich zusammenbreche? Halte ich die letzten 800 Meter wirklich ohne Getränke durch? Anfangs habe ich Distanzen maßlos überschätzt. Kann es sein, dass diese ewig lange Runde durch den dunklen Wald voller Gefahren wie ausgewilderte Wölfe, wilde Walker oder plötzlich auftretendes Seitenstechen wirklich keine sechs Kilometer maß? Wofür habe ich dann fast eine Stunde gebraucht?

Das große Einmaleins führte ich dann mit dem ersten Wettkampf wieder ein. Im Prinzip dreht sich dabei alles um einen simplen Dreisatz. Für die ersten x Kilometer habe ich y Minuten benötigt – in welcher Zeit werde ich denn die Gesamtstrecke von z Kilometern geschafft haben?

Extrem erschwert wird diese ganze Rechnerei durch die Tatsache, dass eine Stunde 60 Minuten umfasst und eine Minute 60 Sekunden. Warum nicht 100? Das Babylonische Zahlensystem sorgt regelmäßig für eine ebensolche Verwirrung. Wenn ich einen Zehner in 44 Minuten laufen will, wie schnell muss ich dann einen Kilometer im Schnitt hinter mich bringen? Nein, 4:40 ist nicht einmal ansatzweise die richtige Lösung.

Geklappt hat das bei mir mit dem Errechnen der Zielzeit eh noch nie. Erstens finde ich auf der zweiten Hälfte stets Gegenwind vor. Zweitens haben sich alle Veranstalter norddeutscher Volksläufe in einem Geheimabkommen darauf geeinigt, die fiesesten Berge und die matschigsten Passagen grundsätzlich erst in die letzten Kilometer der Strecke zu integrieren. Und drittens ist bei vielen der kleineren, nicht offiziell ausgemessenen Laufdistanzen die Kilometer-Angabe eh nur ein grober Schätzwert, ermittelt vom stellvertretenden Volkslaufwart vor Jahren mit dem Klapprad. Legendär der Zehner beim Wintervolkslauf Ebstorf, der aus vier Runden à knapp 2,2 Kilometern bestand.

Die höhere Mathematik folgt spätestens mit dem ersten Marathon. Ich will gar nicht erst damit anfangen aufzuzählen, auf wie viele unterschiedliche Arten man sich seine Marathonzeit schon Wochen vor dem Start ausrechnen kann, indem man zum Beispiel die 10-Kilometer-Bestzeit mit der Hausnummer vom Trainer multipliziert und dann die Quersumme des Geburtsjahrs seiner Katze abzieht. Ich will auch nicht davon reden, wie oft ich pro Marathon meine finale Zeit ausrechne und wie oft ich komplett danebenlag, weil kein Mensch ab dem 35. Kilometer noch fehlerfrei rechnen kann.

Nein, ich rede lieber von den unendlich vielen Tricks, sich die Marathon-Distanz, die ja nun keine geringe ist, klein zu rechnen. Die halbe Strecke teile ich gern in drei Abschnitte à sieben Kilometer. Im ersten laufe ich mich warm, im zweiten versuche ich das Tempo zu halten, im dritten gebe ich alles – so weit das Idealbild. In der Realität sorgt diese Strategie bei mir immer wieder für kleinere oder auch größere Leistungslöcher nach ziemlich genau 14,1 Kilometern.

Auf der Königsstrecke ist dagegen ein längerer Atem gefragt. Wenn ich noch eine gewaltige Strecke vor mir habe, überschlage ich einfach einmal grob, wo ich denn schon in einer Stunde sein werde, falls ich denn mein Tempo halte – was ich nie schaffe. Sobald es aber richtig hart wird, also im fortgeschrittenen Stadium des Laufs ungefähr bei Kilometer 35, sage ich mir: „Nur noch 7,2 Kilometer, das ist doch lächerlich. Das ist deine kleine Laufrunde bis zum Sportplatz und zurück. Mach' also nicht so ein Theater." Dummerweise habe ich nie, aber wirklich absolut nie, schon 35 Kilometer in den Beinen, wenn ich einmal locker zum Sportplatz und zurück renne.

Bei meinem jüngsten Marathon in Florenz habe ich die Distanz mal ganz anders aufgeteilt: in 105 Bahnrunden und eine halbe. Wenn mir mal langweilig war, dann habe ich fix gerechnet: „Du bist schon 41 Runden gelaufen und musst nur noch 64 schaffen. Lächerlich." Je länger der Wettkampf, um so schwerer die Rechnerei. Bin ich jetzt schon in der 86. oder doch erst in der 76. Runde? Bis ich das ermittelt habe, habe ich doch schon wieder die nächsten 400 Meter geschafft.

Florenz eignete sich allerdings nur sehr bedingt für diese Taktik. Wer gerade über den Ponte Vecchio schwebt oder am wunderschönen Dom vorbeifliegt, der ist doch nicht bei Trost, wenn er in diesen erhabenen Momenten an eine ordinäre Laufbahn denkt. Und das größte Problem wird mit diesen ganzen Rechenexempeln sowieso nicht gelöst: Wie man auch immer einen Marathon unterteilt – letztlich ist und bleibt er doch immer 42,195 Kilometer lang.

Das gar nicht so schwache Geschlecht

Warum das Laufen ohne Frauen vielleicht möglich,
aber ganz bestimmt nicht so schön wäre.

Von Beginn an sind mir die Frauen davongelaufen. Meine ersten Schritte in einem Lauftreff überwachte Susanne, später übernahm Regina die Truppe. Deren Ehemänner waren auch mit von der Partie, den Ton gaben aber eindeutig die Powerfrauen an. Die kämpften sich selbst beim legendären Mallorca-Marathon 2008 erfolgreich durch, während Reginas Mann nach ein paar Kilometern aufgab und Susannes bessere Hälfte erst gar nicht antrat.

Kurzum, ich bin mit der Gewissheit aufgewachsen, dass viele Frauen schneller sein können als ich, und deshalb kratzt es mein Ego überhaupt nicht, dass jetzt zum Beispiel Carolin aus unserer Gruppe mich fast auf allen Distanzen locker abhängt, wo sie doch bald zwei Jahrzehnte jünger ist als ich, in ihrer Jugend Bezirks- oder Landes- oder vielleicht auch Weltmeisterin über 1500 Meter war. Jedenfalls kratzt es mich nicht so sehr wie Überholmanöver vom alten Sack Jens, der sich auf seine alten Tage immer wieder gern an mir vorbei- mogelt.

Wäre überhaupt ein Volkslauf ohne Frauen möglich? Männer geben den Startschuss ab, halten schlaue Reden, kümmern sich um die Zeitmessung, führen die Siegerehrung durch und bedienen den Grill. Frauen erledigen den nicht unbeträchtlichen Rest. Sie sind es in aller Regel, die einem frühmorgens die Startnummer in die Hand drücken, verbunden mit freundlichen, aufmunternden Wor- ten auch noch für den 969. Nachmelder, der zwei Minuten vorm Start vorbeischaut. Sie reichen einem während des Wettkampfs die Becher mit dem Wasser und danach den von ihnen gebackenen Kuchen, auf den wir uns schon seit zwei Stunden gefreut haben. Sie stehen am Wegesrand und feuern auch wildfremde Männer an.

Doch auch als Aktive sind die Mädels gern gesehen. Ich fang' gar nicht erst an mit Alt-Herren-Fantasien und erzähle sabbernd etwas von fröhlich hüpfenden Pferdeschwänzen, schlanken Taillen, hüb- schen Hintern und wohl geformten Beinen, hinter denen ich gern renne. Ich tu es einfach. Es sind diese wunderbaren Fünf-Sekunden- Verliebtheiten, die Mann bei Volksläufen genießt. Gehe ich regel- mäßig mit einer Frau laufen, mutiert sie allerdings sehr schnell zu einem geschlechtslosen Wesen. Innerhalb der Laufgruppe wird sich prinzipiell nicht angebaggert. Wer das doch wagt und scheitert (ich habe noch nie einen erfolgreichen Versuch erlebt), der kann sich sehr schnell zumindest eine neue Gruppe, wenn nicht gar einen ganz anderen Sport suchen.

Ich lasse mich im Wettkampf gern von Frauen ziehen. Nein, weniger wegen der hübschen Hintern usw., viel mehr, weil Frauen es einfach können – sich einen Lauf vernünftig einteilen. Die Her- ren der Schöpfung pflegen in aller Regel ihre Kräfte anfangs maßlos zu überschätzen und brechen irgendwann fürchterlich ein. Den Damen aber liegt das vorsichtige Angehen offenbar in den Genen. Sie machen kein großes Drama draus, sondern laufen einfach intelligenter als wir.

Da gab's zum Beispiel eine Birgit, die ich immer wieder nur am Start hinter mir sah – und dann nach zirka zwei Drittel bis drei Viertel der Strecke, wenn sie mich leichtfüßig passierte. Irgendwann war ich mal so gemein, sie von Beginn an vor mir her zu treiben. Es wurde mein einziges wirklich gut eingeteiltes Rennen in diesem Jahrtausend.

Aber erzähle ja niemand von den ach so entspannt laufenden Damen, denen Zeiten und Platzierungen so etwas von egal sind und die gar nicht so verbissen agieren wie die Herrschaften. Das mag vielleicht für die Grazien gelten, die nur joggen gehen, um etwas für die Fitness zu tun und um endlich wieder Konfektionsgröße 34 tragen zu können. Die schnellen Frauen, die bei einem Volkslauf starten, haben in aller Regel ein Messer zwischen den Zähnen – die allerschnellsten schenken sich nichts.

Ihr Erfolg wird dabei nicht nur durch Zeiten und Platzierungen gemessen, sondern auch durch die Zahl der Bewunderer. Gab es da nicht in unseren Breiten mal eine ziemlich schnelle Lady mit den Markenzeichen Bauchnabel-Piercing und Ganzjahres-Bräune? Ob vor oder nach dem Rennen, nie stand sie allein, immer führte sie tiefschürfende Gespräche mit Männern der Altersklasse Vorfreude-Abitur-Party-Besucher bis Rentner. Oder die stets höchst korrekt angezogene, perfekt geschminkte Blonde, die fast alle Männer bewundern und über die fast alle Konkurrentinnen lästern: „Jetzt hätte sie fast schon wieder die Siegerehrung verpasst, weil sie sich noch so lange in der Umkleide zurechtmachen musste."

Kurzum: Es wird niemals reine Männerläufe geben. Ohne Frauen könnten wir wahrscheinlich gar keine drei Schritte gehen. Jedenfalls würde es uns absolut keinen Spaß machen.

Nicht noch ein Laufmagazin

Warum die schönen bunten Blätter kaufen,
wenn man sie sich auch selbst zusammenstellen kann.

Ach ja, die Laufmagazine. „Kennst du eins, kennst du alle", hat mir irgendwann mal ein Experte verraten, als ich die neuesten Erkenntnisse aus einschlägigen Zeitschriften zum Thema Optimierung des Trainingsplans anbringen wollte. Was für ein Ignorant! Gehört es nicht zu einer ordentlichen Vorbereitung auf die neue Saison zwingend dazu, sich umfassend zu bilden?

Irgendwann habe ich es eingesehen: Der Experte hatte nicht ganz unrecht. Und ich entschied – das kann ich auch selbst. Hier die Gebrauchsanweisung für ein Laufmagazin, das jeden weiteren Kauf überflüssig macht.

Das Titelbild!
Nein, niemand soll uns vorwerfen, dass dort immer nur eine Blondine mit kurzem Höschen und ein paar dekorativen Schweißperlen am Bauchnabel durch die Gegend hüpft. In der Ausgabe Januar 2018 ist eine Brünette mit halblangen Tights auf dem Cover, versprochen!

Alle paar Monate drucken wir Leserbriefe ab, in denen herumgenölt wird, dass wir immer nur diese langweiligen Models zeigen würden und niemals echte Läufer. Also werden wir einmal pro Jahr zu einem Wettbewerb aufrufen: Schmücken Sie unser nächstes Cover! Irgendein blondes Amateurmodel, das bei Heidi Klum nicht über die lokale Vorausscheidung in Dortmund hinauskam, wird sicher schon teilnehmen.

Das wird Ihr schnellster Marathon/Halbmarathon/10-km-Lauf!
Was will der Leser unbedingt? Bestzeiten. Was will er definitiv nicht? Sich quälen. Also bieten wir entrümpelte Trainingspläne an. Zaubern wir das olle Buch von Herbert Steffny hervor, ziehen in seinen Plänen 10 Prozent von den Längen ab und addieren 10 Prozent bei

den Zeiten dazu, tauschen die Dienstags- mit der Donnerstags-Einheit – das merkt doch keiner.

Ein paar provokative Fragen machen sich auch immer gut. Zum Beispiel: Müssen lange Läufe wirklich sein? Marathon-Vorbereitung in sechs Wochen? Schnell werden ohne Intervalle? Ist Langsam das neue Schnell? Und dann wird sich vier hübsch illustrierte Seiten lang um die Antwort gedrückt.

Der große Laufschuhtest!

53 Paare haben wir schon von unseren treuesten Anzeigenkunden zusammengeschnorrt. Doch erst einmal kommt der Laufschuhentwickler der Firma XY zu Wort, dessen Produkt rein zufällig hinten auf dem Umschlag beworben wird, und stellt uns den Sinn der neuesten Trends vor – wie wäre es mal mit Natural-Running-Schuhen mit aus Roter Bete hergestellten Farben, speziell geeignet für Trails auf einem ehemaligen Industriegelände im Mittelgebirgsbereich?

Es folgen die Tests von den schon erwähnten 53 Schuhen, vom leichten Renner über den Allzweckschuh bis zum pfundschweren Kloben für den vollschlanken Anfänger. Der konservative Leser kauft trotzdem eh immer seine Gel Nimbus oder Wave Rider – also aufpassen, dass diese Klassiker auch klassisch gut benotet werden. Ansonsten empfiehlt sich eine inflationäre Verwendung des Zeichens + bis +++ bei den Eigenschaften der Treter. Ein Minus ergibt sich schon irgendwie, zum Beispiel bei der Marathontauglichkeit des Barfußschuhs.

Der Promi!

Mocki und diese, wie heißen sie denn nochmal, Marathon-Zwillinge geben immer hübsche Homestorys her, die zudem ihre Ausrüster, also unsere Anzeigenkunden, sicher sehr gern lesen. Ein kerniger Kerl plaudert sicher auch gern über seine Träume von Olympia 2020 oder einem Treffen mit Usain Bolt. Denn wo bekommen Leichtathleten denn sonst ein Forum? Im Fernsehen? Guter Witz – wann denn, wenn sieben Tage pro Woche 24 Stunden lang irgendwo ein Ball rollt?

Fit in die Saison!

Gut, dass die Kollegin häufiger im Fitness-Studio ist als in der Redaktion. So kann sie immer den allerheißesten Scheiß mitbringen. Sie kannte Zumba noch vor den Brasilianern, hat Pilates praktisch miterfunden und weiß genau, welche Muskelgruppen beim brandheißen Workout besonders beansprucht werden. Und wenn es mal keinen neuen Trend gibt, setzen wir selbst welche. Irgendwo zwei Dörfer weiter war doch ein halb vergammelter Trimm-dich-Pfad, auf dem sich seit zwei Jahrzehnten höchstens die Waldfauna tummelt? Den besuchen wir doch mal mit ein paar Sportstudentinnen ohne Angst vor blauen Flecken und Moosabdrücken.

Die Reportagen!

Wir lieben Extreme. Und daher werden unsere beiden Reportagen ungefähr soviel miteinander zu tun haben wie deutsche Marathonläufer des 21. Jahrhunderts mit der Weltspitze. Erst einmal kommt Uschi dran. Mümmelte immer nur fleißig Schokolade und nahm selbst für den Gang zum Klo ein Taxi, doch durch eine glückliche Fügung (der neue Freund, der nebenbei saarländischer Halbmarathon-Meister ist o.ä.) hat sie der Ehrgeiz gepackt. Sie isst jetzt gesund, walkt dreimal pro Monat und hat jetzt sogar ihren ersten 2,5-km-Lauf durchgehalten. Prima!

Es folgt Urs. 200-km-Läufe durch die Wüste oder Antarktis geben ihm keinen Kick mehr, den Transeuropalauf von Dänemark nach Gibraltar ist er neulich in einem Rutsch durchgerannt – langweilig. Jetzt aber ist er der erste Athlet, der innerhalb von nur vierzehn Tagen sämtliche 8000er der Welt sowie den Brocken und den Wilseder Berg hoch- und wieder runtergelaufen ist. Er berichtet uns haarklein von seinen Vorbereitungen, von seiner Ausrüstung (jedes Gramm ist Luxus), von seinen Träumen. Ein Triathlon auf dem Mond wäre fein, doch die Herrichtung der Schwimmstrecke ist noch zu klären.

Die Kochecke!

Nicht zu vernachlässigen ist der Prozentsatz der Läufer, die vor allem mit Messer und Gabel trainiert. Da denken wir gar nicht an die Asketen, die jedem überflüssigem Gramm Fett auf ihren Rippen den erbarmungslosen Kampf angesagt haben und sich höchstens zu Weihnachten zwei Haselnüsse auf einmal gönnen. Vielmehr müssen wir dem Genussmenschen mit schlechtem Gewissen helfen.

Letzten Monat stellten wir die tollsten Nudelrezepte – übersetzt von unserer Raumpflegerin aus einer bulgarischen Frauenzeitschrift – vor, jetzt müssen wir mal wieder Low Carb als oberstes Gesetz verkünden. Und dann gibt es „die Vitaminlüge" aufzuklären, denn … Moment mal, da gab's gerade einen Anruf aus der Anzeigenabteilung. Dort hätte man gern eine Story mit dem Arbeitstitel: „Diese Vitamine machen Sie wirklich schnell". Wenn's sein muss.

Bunt durch den Frühling/Sommer/Herbst/Winter!
Unsere neue Praktikantin will sich doch nützlich machen? Sie kann keine zwei Sätze geradeaus schreiben und läuft keine 800 Meter, ohne dreimal per Smartphone ihren Status durchgegeben zu haben. Aber im aktuellen Lauffummel macht Chantal doch eine tolle Figur!

Also schnell mal eine Fotostrecke mit ihr im Stadtwald organisieren, ein paar launige Textfetzen dazu („So machen Sie dem Winter Beine") – und gefüllt sind zehn Seiten, die insbesondere die Inserenten sehr erfreuen. Und im nächsten Monat sind die Männerklamotten dran. Sollten wir nicht mal den Fahrradkurier mit den strammen Waden, der alle paar Tage bei uns die Post vorbeibringt, ansprechen?

Etwas Exotisches!
Die Kochsendungen boomen, weil sich alle nur noch Fast Food gönnen. Pfarrer-Filme hatten im Fernsehen Hochkonjunktur, als sich wirklich keine Seele mehr in eine echte Kirche traute. Nach Ersatzerlebnissen lechzt auch die Laufgemeinde. Stellen wir also in allen Facetten zum Beispiel den Auckland-Marathon vor oder die Bezirksmeisterschaften der mexikanischen Indios, die 77 Kilometer in selbstgebastelten Sandalen durch den Dschungel rennen, mit allen Schikanen wie Anmeldeadresse, Wissenswertes zum Verstauen

der Kleiderbeutel und Tipps für günstige Übernachtungsmöglichkeiten oder die beste Bar am Platz.

Natürlich wird jeder Leser von diesen Zielen träumen, aber keiner wirklich dort hinfahren. Sollten wir zumindest hoffen, denn dann würde der Mensch ja merken, dass alle Infos aus dem seit 2004 nicht mehr aktualisierten Wikipedia-Beitrag stammen.

Zum Rauswurf etwas Lustiges!
Das RTL-2-Prinzip: Jeder Zuschauer, auch wenn er auf der Karriereleiter des Lebens schon an der ersten Sprosse gescheitert ist, kann sich an Leuten ergötzen, die noch tiefer stehen. Ähnlich funktioniert die Läufer-Glosse. Irgendein Kerl, der sich mindestens für den südwestdeutschen Haile Gebrselassie hält, scheitert grandios beim Waldlauf in Hintertupfingen, weil er sich schon vor dem Start drei Siegerbier mit Eisbein geleistet hat und außerdem viel zu schnell losflitzt. Das alles erzählt er mit so viel Augenzwinkern, als sei er gerade im schwedischen Hochsommer unbebrillt in einen riesigen Mückenschwarm geraten.

Dieser Held macht Monat für Monat alles falsch, was man nur falsch machen kann, wird wie Charlie Brown dem rothaarigen Mädchen immer nur hinterherlaufen, sie aber niemals kennenlernen – geschweige denn überholen. Aber er wird uns immer zum Lachen bringen, zumindest eineinhalb Folgen lang.

Alle reden vom Wetter – wir besonders

Warum es niemals den idealen Tag für einen Lauf geben wird und warum das auch ganz gut so ist.

Wer läuft, der bekommt ganz nebenbei eine völlig neue Beziehung zum Wetter. Schönes Wetter, das bedeutet plötzlich nicht mehr pralle Sonne, Temperaturen jenseits der 30 Grad und Sahara-Feeling an der Ostsee. Schönes Laufwetter zeichnet sich vor allem dadurch aus, dass es keine Eigenschaften hat. Es sollte nicht zu warm sein und nicht zu kalt. Es sollte weder windig sein noch regnen. Es sollte nicht allzu sonnig sein, aber auch nicht zu bedeckt. Das ideale Wetter zeichnet sich im Prinzip durch die Abwesenheit jeglichen Wetters aus.

In der Praxis allerdings erwischt man nur alle Jubeljahre mal einen Marathon mit 10 bis 12 Grad, Windstille und flockig bewölktem Himmel – und dann ist man todsicher entweder ein bisschen verschnupft, oder die Leiste macht einem zu schaffen. Wer also auf ideale Bedingungen wartet, der kann ebenso gut auf den Tag hoffen, an dem der Finanzminister höchstpersönlich bei einem vorbeischaut und meint: „Das mit den Steuern, das war nur so ein kleiner Witz von uns, das haben Sie doch hoffentlich nicht persönlich gemeint. Ich habe Ihnen mal Ihre Zahlungen der letzten zehn Jahre mitgebracht. Machen Sie etwas Schönes damit."

Selbst wenn sich das Wetter am großen Marathon-Tag von seiner besten Seite zeigt, hat der Läufer in der Regel drei höchst wechselvolle Monate hinter sich. Rennt er im Frühjahr, hat er sich zuvor durch Schnee und Eis quälen müssen oder zumindest durch Wochen voller Dunkelheit und Regen. Startet er bei einem Herbstmarathon, dann liegen wahlweise Dürrewochen, Hitzegewitter oder auch mal ein typisch-norddeutscher Sommer der völlig verregneten Art hinter ihm. Ideales Wetter gibt es höchstens in Laufbüchern oder in den Köpfen allzu optimistisch denkender Trainingsplan-Gestalter.

Seit ich laufe, habe ich ein völlig neues Wetter-Gedächtnis entwickelt. Extreme Verhältnisse prägen sich ein. Welches It-Girl auf welcher Wohltätigkeitsgala vor zwei Wochen für welchen Skandal gesorgt hat, habe ich längst vergessen. Dass ich 2013 aber beim Wintervolkslauf in Amelinghausen heftig mit dem Neuschnee zu kämpfen hatte, das hat sich für alle Ewigkeiten eingeprägt. 2012 war ein langer, mieser Winter im Norden, aber 2013 hat alles getoppt. Einen wundervollen Trainingsplan Marke Eigenbau hatte ich mir für den Düsseldorf-Marathon Ende April entworfen – es kam alles, aber auch wirklich alles ganz anders.

Dabei fing es harmlos an. Beim Midwinter-Marathon in Apeldoorn ist der Schnee eigentlich obligatorisch, 2013 stürmte und regnete es nur. Doch ein paar Tage vorm Wintervolkslauf in Amelinghausen fing es an zu schneien. Und es hörte wochenlang nicht mehr auf. In Amelinghausen meldeten meine Akkus nach gut 16 der 21 Kilometer, sinnigerweise auf Höhe der Oldendorfer Totenstatt, gähnende Leere. Den nächsten Testlauf auf der komplett vereisten Strecke in Scharnebeck schenkte ich mir ganz. Dann stand – mittlerweile war es Ende März – ein Halbmarathon im Alten Land an. Ich strich den Start angesichts des 17. Wintereinbruchs.

Wir schlitterten sonntags tapfer durch den Tiergarten, absolvierten selbst am Ostermontag, dem 1. April, tapfer unseren langen Lauf bei Dauerfrost und Eis auf den Waldwegen. Auf meinem Trainingsplan hatte ich Tempoläufe und Intervalltraining auf der Bahn notiert. Wenn es mal eine frei geräumte Bahn im Landkreis gegeben hätte!

Der Plan hatte höchstens noch eine beratende Funktion, bis ich drei Wochen vor Düsseldorf einen Halbmarathon in Hamburg zum Testen fand, den Hammer Lauf. Hammerhart hat's mich da getroffen: Erstens schaffte ich das Kunststück, meine Bestzeit um exakt eine Sekunde zu verfehlen. Und zweitens trat mir ein übermütiger Kontrahent beim Start in die Hacken. Ich lief trotzdem volle Kanne durch. Und schaffte in den Tagen danach zwei Trainingsrunden, obwohl der Fuß immer deutlicher zu verstehen gab: Ich habe keinen Bock mehr auf das Gelaufe!

Endlich eroberte der Frühling den Norden, ich eroberte aber nur humpelnd eine Arztpraxis nach der anderen. Ermüdungsbruch? Achillessehne kaputt? Ach was, im Fuß hatte sich einfach nur eine Sehne entzündet. „Sie wollen in zwei Wochen einen Marathon laufen?", meinte der Doktor mit kaum unterdrücktem Entsetzen in seiner Stimme. Ich nickte verschämt. Kunstpause. „Laufen Sie doch, wenn Sie unbedingt laufen wollen. Aber schonen Sie sich noch,

Blauer Himmel, rote Socke *(Düsseldorf-Marathon 2013)*

Durst und Hunger sind bezwungen. Die Blasen versorgt. Müde trotte ich mit vielen anderen Finishern auf der Rheinpromenade Richtung U-Bahn. „Das ist ein Radweg, ihr Arschlöcher!", klärt uns ein einheimischer Radler mit typisch Düsseldorfer Zurückhaltung auf. In diesem Moment wird es mir erst richtig bewusst: „So schnell bist du noch nie einen Marathon gelaufen."

Die ersten zehn Kilometer trabe ich alles andere als euphorisiert vor mich hin, bis mich das Plakat einer Zuschauerin aufweckt. „Denkt dran, ihr lauft freiwillig hier. Und warum? Weil ihr es könnt!" Daumen hoch für die Dame. Ein Einheizer sorgt ordentlich für Stimmung. „Los, lächeln, ihr seid doch freiwillig hier", brüllt er ins Mikro. Scheint sich mit der Dame von eben abgestimmt zu haben.

Allmählich fange ich an, Düsseldorf zu lieben. In Oberkassel, dem vornehmsten der vielen vornehmen Stadtteile, begeistert mich die Helferschar. Alterslose Damen mit blondierter Königin-Beatrix-Gedächtnisfrisur und durchgebräuntem Teint aus St. Moritz, Mauritius oder der Tube haben sich tapfer die violetten Helfer-Jäckchen übergestreift, kredenzen mir und dem restlichen Fußvolk begeistert die Wasserbecher. Bei Kilometer 25 quält mich etwas im rechten Schuh. Ein Stein? Ich überlege, ob ich stoppen soll, aber ignoriere letztlich das Gefühl. Das lässt sich doch weglaufen. Kurz nach der Kö liege ich bei der 40-Kilometer-Marke exakt fünf Sekunden unter meiner Bestzeit. Gas geben!

Ich laufe bei 3:27:43 ein. Hausrekord um 19 Sekunden gesteigert. Ich trinke und esse Unmengen. Humple Richtung Dusche, ziehe meine Schuhe aus. Au weia! Warum ist meine rechte Socke eigentlich so rot? Nun sehe ich die Blasen. Eine zwischen großem und zweiten Zeh. Und die zweite unterm Vorfuß. Will zurück zum Rot-Kreuz-Zelt. „Hier geht's nicht lang", blafft mich ein besonders fröhlicher Rheinländer an. Ich antworte nonverbal, zeige ihm meinen Fuß. Er lässt mich durch, nicht ohne zu meinen: „Ihr habt doch alle einen an der Klatsche." Ich ahnte es schon. Seit Düsseldorf weiß ich es.

solange etwas weh tut." Sportärzte wissen offensichtlich, dass man mit Läufern lieber nicht diskutieren sollte.

Ich schonte mich also tapfer. Drei Tage vor Düsseldorf lief ich erstmals wieder, ein Gefühl wie auf Eiern. Am Morgen vorm Marathon drehte ich eine winzige Testrunde am Rhein, zog einmal das Tempo für eine klitzekleine Steigerung an – und fasste mir an die Leiste. Mist, gezerrt! Am Sonntag stand ich dann völlig illusionslos in meinem Startblock. Die Leiste tat immer noch weh, der Fuß würde bestimmt nach ein paar Kilometern auch wieder auf sich aufmerksam machen. Ich hatte zwei Probewettkämpfe und drei Trainingswochen verpasst, habe in drei Monaten eigentlich kein einziges Mal richtig schnell trainiert. Wozu trete ich hier überhaupt an? Zu kalt war es außerdem. Und auch ein bisschen zu windig.

Ich lief übrigens Bestzeit. Eine Zeit, von der ich bis heute träume. Ein Trainingsplan wird halt überschätzt. Gutes Wetter sowieso.

Sportlernahrung

Warum fett so ähnlich klingt wie fit und Fast Food fast schon vernünftiges Essen wäre.

Der Schiedsrichter pfeift die erste Halbzeit ab. Pause – Zeit auch für die Zuschauer, sich zu stärken. An den Buden gibt es heute Tofu-Paprika-Spieße mit Kichererbsen-Dip sowie knusprige Brotecken in Olivenöl. Der Waldbeeren-Cocktail muss leider aus Sicherheitsgründen in Plastikbecher ausgeschenkt werden, weil …

Okay, das war nur ein Traum. Für die meisten Fußballfans ein Albtraum, den die wollen eine Bratwurst und ein Bier. Oder ein Nackensteak, das Stück Fleisch, das man mit ordentlich Marinade auch noch Wochen nach Ablauf des Haltbarkeitsdatums gut an den Mann bringen kann. Je salziger, um so besser auch für den Bierumsatz. Wer in Lüneburg den Sangeskünsten von auswärtigen Fans beispielsweise aus Göttingen oder Meppen lauscht, der kann hundertprozentig sicher sein, dass die ihren Durst auf der Hinfahrt nicht mit Milch vom Demeter-Bauernhof gelöscht haben. Hingegen habe ich noch nie einen Anhänger erlebt, der sich im Stadion am Bratwurststand nach der Herkunft des verarbeiteten Fleisches erkundigt – obwohl es dort vielleicht gerade besonders nötig wäre.

Und sage mir niemand, dass nur die Fußball-Anhänger so unglaublich ernährungsbewusst sind: Bockwurst und Burgunderbraten sind das Grundnahrungsmittel von Eishockeyfans, Handballer bevorzugen hingegen vor Fett triefende Frikadellen und helle Brötchen, dick mit Wurst vom Aldi belegt. Pommes gehen auch immer. Hauptsache, man kann die Kartoffelstäbchen auch in ordentlich Ketchup oder Majonnaise ertränken. Irgendwie muss man es doch schaffen, den Tagesbedarf eines Erwachsenen an Kalorien innerhalb eines Sportereignisses zu decken.

Sie mögen einwerfen, zu den Grundrechten des Menschen gehört es halt auch, sich an jedem zweiten Wochenende außerordentlich schlecht zu ernähren und sich bisweilen ordentlich einen auf die Lampe zu gießen, solange er dem sportlichen Treiben nur zusieht. Doch viele der Sportler sind ja auch nicht besser. Zur lokalen Legende geworden ist da der Ausspruch eines Adendorfer Altherren-Kickers, der bei den Herren aushelfen musste und sich alsbald mitten im Spiel vor Erschöpfung hinsetzte. Mit der Begründung: „Mensch, ich hab' doch schon ein Kotelett gegessen."

Ganz anders drauf sind dagegen viele Ausdauersportler, die in ihrer heißen Trainingsphase, also elfdreiviertel Monate pro Jahr, Proteine und Mineralstoffe mit der Apothekerwaage abmessen und jedes Gummibärchen zu viel mit einer halben Extrastunde Intervalltraining wieder abtrainieren. Nur im Ziel nach dem City-Marathon oder Ironman lassen die Asketen die Sau raus, gönnen sich auch mal ein Stück Kuchen oder beißen gar beherzt einmal von der Bockwurst ihrer Liebsten ab. Und literweise fließt dort das Weizenbier. Alkoholfreies, selbstredend.

Außer Form

Warum man vielen Cracks nicht voreilig
zu einem gelungenen Lauf gratulieren sollte.

Es gibt Läufer, die sind ein biologisches Wunder. Läufer, die ich seit meinen Anfängen kenne – also seit fast einem Jahrzehnt – und trotzdem noch nie wirklich gut in Form waren. Gemeinerweise laufen mir diese Menschen in der Regel spielend leicht davon, obwohl sie sich eigentlich nie gut fühlen.

Wenn sie einen Lauf gewinnen, dann sagen sie: „Der Hubert war heute ja auch nicht da. Und letztes Jahr war ich hier zwei Minuten schneller."

Wenn der Hubert doch da war und sie zwei Minuten schneller waren als im Vorjahr, heißt es: „Letztes Jahr war es ja auch fürchterlich windig, und es hatte die ganze Woche über geregnet. Eigentlich hätte ich fünf Minuten schneller sein müssen."

Grundsätzlich ist gegen ein gewisses Understatement ja nichts einzuwenden. Auch die schnellsten Läufer ziehen, falls sie nicht gerade Usain Bolt heißen, im Ziel nicht die große Show ab, bejubeln ihre neue Bestzeit im Halbmarathon nicht enthusiastisch wie Kreisliga-Kicker ihre Freistoßtore, legen im Zielraum keine T-Shirts mit Botschaften à la „I love Jesus" oder „Chantal, ich will ein Kind von dir" frei oder formen Tauben für den Weltfrieden mit ihren Händen. Nein, in aller Regel üben sie sich in Bescheidenheit, gratulieren auch dem Zweiten, dem Vierten oder selbst mir zu dem schönen Lauf. Aber sie selbst? „Nein, ich bin echt außer Form."

In aller Regel folgen die Gründe für die angebliche Formkrise ungefragt innerhalb der nächsten drei Sekunden. Verletzungsfolgen sind immer gut, „ich war schon bei zwölf Ärzten, und sie sind alle ratlos". Der Hinweis auf das hammerharte Vorbereitungsprogramm für den Marathon in acht Wochen geht immer, ebenso die Erwähnung des Marathons vor acht Wochen, den man immer noch in den Knochen hat. Lebenslustigere Leute erwähnen gern den Geburtstag des Kumpels, der einem bis fünf Uhr morgens einen Schnaps nach dem anderen aufgedrängt hat. Ein Wunder, dass sie überhaupt den Weg aus dem Bett gefunden haben. Andere beklagen die Folgen der knochenharten Arbeit: „Ich komm' ja kaum noch zum Trainieren."

Das ist der Klassiker. Alle kommen kaum noch zum Trainieren, weil sie so busy sind. „Ich lauf' eigentlich nur noch Wettkämpfe. Zum Trainieren komme ich gar nicht mehr", sagt mir einer, der mir komischerweise mitten im Wald in Laufklamotten entgegenkommt – zum vierten Mal in diesem Monat. „Ich habe den ganzen Winter praktisch gar nichts gemacht", behauptet ein anderer, der mir beim ersten Frühlingslauf gnadenlos die Hacken zeigt. „Im Sommer war es mir viel zu heiß zum Laufen", tönt der dritte, der bei den Herbstläufen alles in Grund und Boden rennt.

Selbst in meinem Lauftreff finden manche nie Zeit, um mal allein eine Runde zu drehen: „Ich bin dann doch lieber ins Fitness-Studio gegangen – natürlich in die Sauna." Ist klar. Und ihr alle werdet beim nächsten Marathon wieder fantastische Bestzeiten rennen, obwohl ihr offenbar in der Vorbereitung im Schnitt kaum den Weg zum nächsten Bäcker gelaufen und sowieso total außer Form seid.

Es gibt ja auch ein paar Läufer, die sich über Erfolge freuen und dabei meinen: „Endlich hat sich das harte Training mal gelohnt. Ich bin richtig gut in Form." Was für Angeber.

Drück' auf die Tube

Wie ich die weißen Fasern in mir zum Leben erwecken wollte und dabei vor Fußballern floh.

Ich bin langsam. Wirklich langsam. Zumindest, wenn es um kürzere Strecken geht. Im Sprint war ich auf der Schule bestimmt der langsamste Mensch, der jemals die 50 oder 75 Meter angegangen ist – inklusive der Großtante vom Hausmeister, die vielleicht mal zufällig auf der Bahn spazieren gegangen ist. Okay, ich kann nichts dafür, dass ich für die eine Bahn gefühlt immer eine Minute oder mehr gebraucht habe. Es gibt geborene Sprinter, dessen Muskel vor allem aus weißen, schnell arbeitenden Fasern bestehen. Und es gibt den Ausdauertypen, bei dem eher die roten Muskelfasern zu finden sind – langsam, aber ermüdungsresistent.

Als der Läufergott die weißen Fasern verteilt hat, war ich wohl nicht anwesend. Doch selbst für Schnarchnasen wie mich haben Laufgurus Trainingspläne angefertigt. Der weit über die Grenzen des Vorharzes bekannte Quälix aus Seesen, meiner Heimatstadt, bietet gratis, quasi als Einstiegsdroge, einen sechswöchigen Crashkurs zur Temposteigerung an.

Begeistert drucke ich seinen Marschbefehl fürs erste Tempotraining aus.

1. Woche: Je 2 x 600 – 800 – 1000 – 1200 in 2:29 – 3:25 – 4:24 – 5:21 min. Gleiche Länge Trabpause, auf keinen Fall abkürzen. Laufe jede Serie im beschriebenen Rhythmus durch, erst alle 600-er, dann alle 800-er usw. Pulsbereich unbegrenzt. Vorsicht bei dieser Einheit, laufe nicht zu schnell an!

Huppsa, das „2x" hatte ich zuvor erfolgreich übersehen. Häuptling Schlappschritt entscheidet, dass ich zumindest die 1200-Meter-Sprints mit Rücksicht auf den Volkslauf am Sonntag erst einmal weglasse. Hugh! Immerhin muss ich erst einmal zum Elbe-Seitenkanal kommen, wo alle 100 Meter ein Stein gesetzt ist, das sind schon gut 3,75 Kilometer zum Warmwerden. Kurz vor den 49 Stufen hoch zum Kanal denke ich: „Hätte ich doch bloß etwas zu trinken mitgenommen." Egal. Jetzt zählt's.

Erster 600er: Immer schön die Arme mitnehmen. Bloß kein Schlappschritt, immer schön nach dem Vokuhila-System. Vorne die Beine kurz aufsetzen, hinten lang. Oder so ähnlich. Die Uhr bleibt wie gefordert bei 2:29 stehen. Wahnsinn, ich bin ein Naturtalent!

Zweiter 600er: Es geht wieder zurück. Warum ist mir der heftige Sturm, bestimmt Windstärke 2, bisher nicht aufgefallen? Eine Yacht tuckert mir auf dem Kanal entgegen, der Skipper schaut mich an und staunt. Nach der Hälfte der Strecke spüre ich ein leichtes Brennen im Oberschenkel. Ich rette mich ins Ziel. 2:33. Ach, was sind schon vier Sekunden.

Allein mit dem drögen Hasen
(Halbmarathon in Oldenburg 2013)

Kurz vorm Start wird mir angst und bange. Marathon mit Staffel, Halbmarathon und 10-km-Lauf sollen gemeinsam beginnen. Von Startblocks keine Spur; allein ein paar kleine Schildchen sollen für eine gewisse Sortierung sorgen. Ich stelle mich kurz hinter das Schild „1:30 Halbmarathon, 3:15 Marathon" auf und sehe direkt vor mir ein paar fidele Holländer fortgeschrittenen Alters, denen ich kaum eine 3:15 über 10 Kilometer zutrauen würde. Neben ihnen steht eine Frau, die ihrem Begleiter zuflüstert: „Ich glaube, ich steh' viel zu weit vorn". Der kontert: „Ach, das sortiert sich schon".

Ich befürchte das große Chaos, Tritte in die Wade, Sturzorgien. Es passiert nichts. Das muss an der zurückhaltenden Natur der Leute hier liegen. Bald fängt es an zu nieseln. Es wird windiger. Doch ich finde meinen Weg in eine kompakte Gruppe mit einer wirklich sehr zierlichen Frau, sowie vier Männern, die mir im Gegensatz zu der Frau Windschatten spenden können.

Erster 800er: Ich hatte Zettel und Bleistift mitgenommen, um meine Zeiten zu notieren. Der Bleistift ist jetzt weg. Nun, ich durchsuche meine Gesäßtasche gewissenhaft nach dem Stift. Zwar ohne Ergebnis, dafür habe ich aber noch ein paar Sekunden mehr Pause herausgeholt. Und ich laufe exakt 3:25. Wie ein Uhrwerk! Ich bin stolz auf mich.

Zweiter 800er: Ich hätte definitiv etwas zu trinken mitnehmen müssen. Nach gefühlten 400 Metern schaue ich auf den nächsten Kilometerstein – ich habe gerade erst 200 geschafft. Ich ziehe die Arme hoch wie sonst erst auf dem 41. Marathon-Kilometer, mein Laufstil hat mit Vokuhila ungefähr so viel zu tun wie die Frisur von Kojak. Nach 600 Metern bin ich fix und alle. Bei 14 Grad schwitze ich wie im Urwald. 3:33 heißt diesmal die Zeit. Schwach, aber wenigstens kann ich mir diese Zahlen gut merken, wo ich doch meinen Stift verloren habe.

Zwei aus Cloppenburg reden noch lustig, tauschen mit mir Zielzeiten aus. Die beiden anderen und die Frau reißen still ihre Kilometer herunter. Alle sind schnell, leider ein bisschen zu schnell für mich. Im wilden Westen von Oldenburg regnet es kräftiger. Der Wind wird böiger. Keine gute Phase, um allein zu sein. Meine Einsamkeit erreicht im Drögen-Hasen-Weg ihren Höhepunkt. Dieser Weg endet an einem Ausflugslokal, in das ich nun liebend gern einkehren würde. Allerdings sind meine Klamotten mittlerweile vom Regen und vom Schweiß so nass, dass ich dort wahrscheinlich gar nicht bedient würde.

Bald habe ich mich an zwei andere Männer herangearbeitet. Der eine bleibt prompt mit einem Krampf stehen, der andere forciert wieder das Tempo. Dann also ein Solo bis zum bitteren Ende. Ich biege ab zum Schlossplatz, profitiere wenigstens auf den letzten 200 Metern vom Bahntraining und ziehe noch einmal an. Der Sprecher begrüßt „Andreas Schafft, äh nein, Safft aus der schönen Lüneburger Heide" und wird deshalb gnadenlos von mir abgeklatscht. Ziel und Bestzeit, 1:35:31. Bei gutem Wetter hätte ich mich bestimmt nicht so beeilt.

Jetzt noch ein 1000er in diesem Tempo – und ich dehydriere, bekomme Krämpfe oder breche auf irgendeine andere Weise zusammen. Ich trete den Heimweg an, schön gemächlich, mit einem kleinen Umweg über die Erbstorfer Landstraße, um dort auf dem Radweg 1000 abgemessene Meter zu sprinten. Nach knapp der Hälfte der Distanz stoppt mich eine rote Ampel. Ich halte schwer atmend an. Zutiefst entsetzt darüber, dass diese Einheit so abrupt endet. Wie schade ...

In einer Woche versuche ich mein Glück noch einmal. Vielleicht komme ich dann tatsächlich bis zum zweiten 1000er.

Sehr bald sehe ich aber ein, dass sich das Tempotraining auf einer Laufbahn doch besser durchziehen lässt als am Kanal. 1000 Meter bleiben aber auch auf einer Tartanbahn 1000 Meter, und vier Minuten Schinderei bleiben vier Minuten Schinderei. Und ich laufe, sicher Folge meines Schultraumas, höchst ungern vor Zeugen. Blöderweise wird meine Stammbahn morgens und mittags von Schulen frequentiert, abends vom Verein, am Wochenende vom Lauftreff.

Eines Samstags gegen 12 Uhr, ansonsten eine sichere Zeit für Solorunden, tauchen plötzlich zwanzig Oberliga-Fußballer des SV Eichede, die zum Trainingslager angereist waren, auf der Anlage auf, entwickeln beim gelangweilten Herumschlendern am Spielfeldrand mehr Tempo als ich beim 200-Meter-Spurt am Anschlag und fragen sich bestimmt, was ich wohl verbrochen haben muss. Ich beschließe an diesem Tag spontan, meinen Schwerpunkt aufs Dehnen zu legen.

Aber immerhin: Ich habe mich seit meinen Besuchen auf der Bahn über zehn Kilometer und auf dem Halbmarathon tatsächlich um mehrere Sekunden gesteigert. Vielleicht hänge ich mittlerweile sogar die Großtante vom Hausmeister ab.

Ach, wie schön ist doch der November

Warum der Swingerclub der Laufmonate
ein Image-Problem hat, das er gar nicht verdient.

Wenn das Jahr 13 Monate hätte, dann wäre der November ganz bestimmt der 13. Monat. Die böse Fee, die das Dornröschen verfluchen würde. Der vorletzte Monat im Jahr ist für viele der allerletzte, auch für Läufer. Immer ist es dunkel, kalt und neblig, jammern sie. Dabei hat der November vor allem ein Image-Problem. Er ist viel besser als sein Ruf, wie jetzt mein Lauf-Check ergeben hat.

Erst einmal der Helligkeits-Check: Der November ist leider der erste Monat nach der Umstellung auf die Winterzeit, leidet daher unter regelmäßigen Dunkelheitseinbrüchen weit vor 18 Uhr. Doch englische Wissenschaftler haben in einer aufwändigen Studie ermittelt, dass auf der Nordhalbkugel der Dezember und Januar noch viel dunkler sind, der Februar auch nicht unbedingt als Monat des Lichts durchgehen kann. Im November glänzt der Wald zudem noch mit allen möglichen Farben von Gelb über Ocker bis Braun, im Dezember wird's zunehmend kahler.

Der Witterungs-Check: Inzwischen ist es deutlich kühler als im Spätsommer. Inzwischen aber tendiert die Gefahr von Hitzegewittern und schwül-heißem Waschküchenwetter gen Null. Läufer, die im Juli gern schlapp machen, wissen dies zu schätzen. Und irgendwann muss man ja auch mal seine langen Klamotten ausführen.

Der Länge-Check: Der November kommt einem vielleicht besonders lang vor, hat aber die handelsübliche Länge von 30 Tagen ebenso wie der April, Juni und September. Im Gegensatz zum Dezember bietet der November zudem allenfalls ein paar Vorläufer der größten Winterevent-Auswüchse wie Weihnachtsmarkt, Weihnachtseinkauf und Weihnachtslieder, dafür aber noch ein paar Traditionsveranstaltungen wie den New York Marathon und die Hitzacker Herbst-Härte.

Was mir aber am November besonders gefällt, ist das Laufen ohne Stress. Die alte Saison ist abgehakt, die neue noch unendlich weit weg. Der November ist quasi der Swingerclub der Laufmonate. Alles kann, nichts muss.

Und im November entdecke ich gern ganz neue Gebiete. Ich traue mich hoch Richtung Nutzfelde, dann rechts zur Steinhöhe, dem höchsten Punkt Lüneburgs. Stolze 88 Meter über Normal-Null und damit immerhin knapp 65 Meter höher meinem Ausgangspunkt.

Nur im November trabe ich nicht auf ausgelatschten Wegen weiter, sondern finde ich mich plötzlich mitten im Industriegebiet wieder – was man halt in Lüneburg Industriegebiet nennt. Zumindest sonntags lässt es sich trotzdem ungestört laufen, es gibt viel zu gucken. Auf dem Flugplatz hebt gerade eine Maschine ab. Ich gucke ihr hinterher und stelle erst dabei fest, dass es offenbar schon seit geraumer Zeit nieselt.

November, du bist bei meinem Check nicht durchgefallen. Ich schwitze mich nicht zu Tode, ich frier' auch nicht. Und es regnet manchmal sogar nicht. Der niederschlagsreichste Monat hierzulande ist übrigens der angeblich so wunderschöne Juni.

Zeiten werden überschätzt

*Wieso man sich mit einem Marathon Zeit lassen sollte,
wenn der Besenwagen einem nicht
gerade im Nacken sitzt.*

Marathon macht glücklich. Aber nicht jeden. In Hamburg habe ich diesmal nur zugeschaut und danach mit den unterschiedlichsten Leuten gesprochen. Mit Unglücklichen, die verletzungsbedingt aufgegeben haben – die fühlen sich noch mieser als HSV-Fans nach einer Niederlage gegen den FC St. Pauli. Andere waren einfach nur froh, die Strapazen hinter sich zu haben. Einige Läufer, die deutlich unter vier oder gar drei Stunden blieben, analysierten noch ausführlich ihr Rennen, berichteten von Einbrüchen in der City Nord und der zweiten Luft ab Rothenbaum. Haben die mit ihrem Tunnelblick überhaupt mitbekommen, dass auch ein paar Zuschauer an der Straße standen? Und wer konnte von sich behaupten, einfach nur von Glücksgefühlen berauscht ins Ziel gekommen zu sein?

Grob habe ich die Finisher in drei Gruppen eingeteilt. Ähnlichkeiten mit tatsächlich laufenden Lüneburger Cracks sind rein zufällig:

1. Fritze Flink (2:xx Stunden) – weiß ganz genau, wo er die 50 Sekunden liegengelassen hat, die ihm zu einer Podestplatzierung in seiner Altersklasse fehlten. Bis Kilometer 32,5 lief auch alles nach Plan. Dann aber brach eine alte Verletzung vom Ironman Hawaii 2012 / einer Prügelei im Kindergarten / der letzten Crosslauf-Kreismeisterschaft (Nichtzutreffendes bitte streichen) auf. Es war halt ein bisschen zu windig für eine richtig gute Zeit. Am Anfang auch etwas zu kalt, am Ende zu warm. Den Schritt konnte man schließlich nicht mehr so lang machen. Die Getränke waren etwas zu kühl, das machte der Magen nicht so gut mit. Und in diesem Jahr konzentriert man sich ohnehin eher auf die kürzeren Strecken.

2. Harald Hastig (3:xx Stunden) – hat für die zweite Hälfte doch wieder fünf Minuten länger gebraucht als für die erste, weil er sich

Hermann oder Weichei *(Hermannslauf 2014)*

Ich gestehe, dass ich nicht so sehr auf Eventläufe stehe. Tough Guy Race oder Strongmanrun? Nicht mein Geschmack. Color Run? Ich bin eh schon bunt angezogen. Nein, ich liebe es old fashioned – Quälerei auf die traditionelle Tour. So wie beim 43. Hermannslauf, einem Spektakel, dem gegenüber der neumodische Runfun ganz schön blass aussieht.

Pünktlich zum Start fängt es an zu nieseln. Irgendjemand hält eine Rede, freut sich dabei über das schöne Wetter, und ich frage mich: Wie sieht denn hier überhaupt schlechtes Wetter aus?

Der nächste Schock folgt. Ein Verkehrsschild verheißt zwanzig Prozent Gefälle. Fast 7000 Frauen und Männer kugeln eine Straße herunter. Meine Waden schreien, und ich sehne mir den ersten saftigen Hügel herbei. Der kommt bald in Gestalt des Ehbergs. Der fieseste Anstieg, den ich in meinen bisherigen sieben Läuferjahren bewältigt habe – und dabei doch nur die Ouvertüre. Gleichzeitig geht das Nieseln allmählich in einen richtig fiesen Landregen über.

Nach gut achtzehn Kilometern hoch und runter erreichen wir Oerlinghausen. Es geht zunächst auf Kopfsteinpflaster steil bergab wie auf den berüchtigsten belgischen Radfahrstrecken, zur Belohnung steht aber das ganze Dorf Spalier und feiert uns wie die Weltmeister. Toll!

Bald folgt ein Wegweiser vor einer Gabelung: Hermänner nach links, Weicheier nach rechts. Und ich biege tatsächlich links ab. Ab Kilometer 27 kann ich es rollen lassen. Das Ziel liegt an der Sparrenburg im Ort Bielefeld, den es tatsächlich doch gibt, und Tausende von Zuschauern feierten jeden einzelnen Hermann. Ich fühlte mich prima und erlebte das schönste Gefühl, das man auf den letzten Metern haben kann: Bedauern, dass dieser Lauf tatsächlich schon vorbei ist.

an den Landungsbrücken vor so viel Publikum einfach nicht zurückhalten konnte. Der neue Trainingsplan nach XY / das Sondertraining auf der Bahn / die drei Bier am Abend zuvor (Nichtzutreffendes bitte streichen) hat/haben sich wirklich bewährt, aber eigentlich hätte man den Volkslauf vor zwei Wochen nicht mehr so schnell laufen sollen. Es war halt ein bisschen zu windig für eine richtig gute Zeit. Am Anfang auch etwas zu kalt, am Ende zu warm. Aber egal, man hat's endlich hinter sich und kann mal zwei Wochen / vier Wochen / bis zur nächsten Marathon-Vorbereitung (Nichtzutreffendes bitte streichen) eine kleine Regenerationspause einlegen.

3. Gundula Glücklich (4:xx Stunden) – schwärmt von der so gigantischen Stimmung / den vielen tollen Samba-Gruppen / all den Freunden, die sie unterstützt haben (Nichtzutreffendes bitte streichen). War das super! Und es hat überhaupt nicht weh getan. Höchstens ein bisschen zwischen Kilometer 15 und 41. Ach, und es war viel zu schnell vorbei! Wollen wir uns morgen gemeinsam auslaufen? Wo kann ich mich schon für nächstes Jahr anmelden?

Meine Moral von der Geschicht': Zeiten werden total überschätzt. Mag mancher Laufguru auch gegen Weicheier wettern, die nicht mindestens 105 Prozent geben und bis zur Kotzgrenze gehen, so scheinen doch die langsamsten Läufer die glücklichsten zu sein. War ich nicht auch 2009 in Lübeck völlig euphorisiert? Mein zweiter Marathon – mein erster, den ich durchgelaufen bin und mit ein paar übermütigen Hüpfern auf dem Rathausmarkt beendete. Meine Zeit von damals – so langsam war ich nie wieder. Aber das Gefühl, 42,195 Kilometer zum ersten Mal richtig flüssig durchgelaufen zu sein, das ist unbezahlbar / grandios / kommt so schnell nicht wieder. Bitte nichts streichen!

Sie sind doch von der Zeitung?

Warum meine Work-Life-Balance durch
die Lauferei bisweilen arg gefährdet wird.

Laufen ist insbesondere dann anstrengend, wenn man über das Ereignis auch einen Zeitungsartikel verfassen muss, also die Arbeit im Ziel erst richtig losgeht. Seit ich das erste Mal einen Zehner auf Zeit hinter mich gebracht habe, sind alle meine lieben Kollegen in der Sportredaktion der festen Meinung, dass nur ich in der Lage bin, über die Volksläufe der Region angemessen zu berichten.

Und so renne ich alle paar Wochen zwischen Heide und Elbe durch die Gegend, passiere zum Beispiel um 11.13 Uhr das Ziel, bin um 11.15 Uhr wieder so weit hergestellt, dass ich mir Block und Bleistift schnappe und den erstbesten Helfer frage, wer denn gewonnen hat. „Keine Ahnung", höre ich dann in 99 von 100 Fällen. „Der ist, glaube ich, schon nach Hause gefahren." Das wiederum stimmt zu meinem Glück auch in 99 von 100 Fällen nicht, denn die ganz Fixen warten in der Regel gern auf die Siegerehrung. Und auf mich.

Ach, da kommt ja schon einer direkt auf mich zu.

„Hey, Andi!" (Ganz schlechte Gesprächseröffnung von ihm. Niemand nennt mich Andi.) „Ich bin Dritter geworden!"

„Toll, Glückwunsch!", sage ich und schau' mich derweil verstohlen nach dem Ersten und Zweiten um.

„Andi, neulich in Adendorf war ich ja sogar Zweiter."

Allmählich ahne ich – der will nicht mein Lob, der will in die Zeitung. „Ah, ja", murmle ich und überlege, wie ich elegant aus der Nummer rauskomme, „wie fandest du denn die Strecke? Ganz schön matschig am Ende, oder?"

Doch er hat noch ein Anliegen: „Ist denn die E-Mail von meinem Ultra neulich in Kleinkleckersdorf angekommen? Ich habe noch gar nichts gelesen …"

Schön ist es, dass ich nach ein paar Volkslauf-Terminen jeden kenne. Nicht so schön ist es, dass jeder auch mich kennt. Und das gilt nicht nur für die Aktiven. Da kommt schon der nächste Kandidat. Marke aufgeregter Vater.

„Sie sind doch von der Zeitung?"

„Ja", antworte ich und stelle mich auf Kritik jeglicher Art ein. Warum denn bei uns immer so viel Fußball in der Zeitung ist. Warum wir viel weniger über Fußball schreiben als die in Uelzen. Warum das Blatt schon wieder fünf Cent teurer geworden ist. Aber nein.

„Meine Tochter hat sich heute wieder um zwei Minuten verbessert und hat ihre Altersklasse ganz klar gewonnen. Sie hat erst vor zwei Jahren das Laufen angefangen, trainiert aber dreimal pro Woche und ist in der Schule trotzdem sehr gut und spielt auch noch Klavier, das ist uns sehr wichtig, denn …"

„Vielleicht kann mir das Ihre Tochter auch selbst erzählen?", entgegne ich und stelle mich auf eine schüchterne Elfjährige ein.

Es ist eine Siebzehnjährige, die sich deutlich mehr für ihr Smartphone als für ihre sportliche und charakterliche Entwicklung interessiert. „Papa, du bist so peinlich!", flüstert sie gerade so laut ihrem stolzen Vater zu, dass auch ich es hören kann. „Können wir jetzt endlich nach Hause? Mir ist kalt. Hier ist es langweilig."

„Da will ich auch mal nicht mehr weiter stören", verabschiede ich mich, ernte noch einen dankbaren Blick der Tochter und einen vernichtenden des Vaters. Ich werde sie beide sicher wiedersehen. Wenn sie in ein paar Monaten immer noch am Ball ist, dann hat sie eine Geschichte wahrlich verdient.

Aber ich will mal nicht so böse sein. Im allgemeinen erzählen alle Cracks ausführlich von ihren Erlebnissen auf den frisch absolvierten zehn Kilometern. Und die Organisatoren reden auch gern über die erfreulich hohe Zahl der Anmeldungen für die Kinderläufe und über die matschigen Passagen, die die fleißigen Helfer, ohne die das alles ja gar nicht gehen würde, noch am frühen Morgen mit einer ganzen Anhängerladung Holzspänen entschärft haben.

Ein aufregender Lauf *(Elbtal-Volkslauf in Bleckede 2014)*

Vier topfebene Kilometer am Deich hin. Vier Kilometer am Deich zurück. Und dann noch ein paar Meter durch Bleckede mit einer Querung des Schlosshofs. Okay, es gibt wirklich aufregendere Strecken. Aufgeregt hat sich trotzdem mancher Crack. Über fehlende Getränke, über Streckenposten im Teeniealter, die lieber in ihr Smartphone starrten als den richtigen Weg zu weisen.

Am Wetter gibt es wenigstens nichts zu meckern. Eher an meiner Form. Kurz vorm Ende zieht wieder einmal Reinhard aus meiner Altersklasse an mir vorbei. Ein paar hundert Meter halte ich seine Pace, dann signalisieren meine Beine: Lass ihn laufen! Und ich gehorche.

Im Ziel bin ich etwas irritiert. Wo stehen denn hier das Wasser oder der Tee? Gleich nebenan im Schützenhaus finde ich eine große Kanne Kaffee und die kläglichen Reste eines Kuchenbuffets. Man zahlt direkt ins Sparschwein – die eigentlich für die Verpflegung zuständige Dame hat sich angeblich zum Fußball verabschiedet.

Für die Läufer von der Langstrecke ist gar nichts mehr da. Wer hat nach 17,7 Kilometern bei Sonnenschein schon Durst? Viele ärgern sich zudem über Fehlleitungen auf der Strecke – allmählich wird die Luft richtig rauchig.

„Hier starte ich nie wieder", sagt nicht nur einer. „Das war ja noch chaotischer als letztes Jahr!"

Vielleicht gehört das einfach auch zu einem gelungenen Lauf: dass man ordentlich über die Organisation lästern kann. Immerhin ist niemand verdurstet, und alle haben das Ziel heil erreicht. Wenn überall alles wie am Schnürchen läuft – worüber soll man sich denn dann noch unterhalten?

Wehe nur, wenn etwas schief geht – und es können unendlich viele Dinge bei einem Volkslauf schief gehen, den Ehrenamtliche in ihrer Freizeit auf die Beine stellen. Was habe ich innerhalb weniger Jahre erlebt: Die Spitzengruppe verläuft sich. Das ganze Feld verläuft sich – und ein Halbmarathon ist plötzlich nur noch 17,5 Kilometer lang. Die Zeitmessung fällt komplett aus. Ein einziger Teilnehmer wird von der Zeitmessung nicht erfasst, so dass alle folgenden Leute die Zeit ihres Vordermanns zugeteilt bekommen. Die Verpflegung reicht nur für die schnellere Hälfte. Die Getränke sind viel zu kalt. Die Dusche geht gar nicht. Und so weiter und so fort.

Und wer bekommt den ganzen Läuferfrust ab? Der Kerl von der Presse. Von daher ist es ganz praktisch, wenn ich die Strecke auch gelaufen bin und selbst beurteilen kann, ob es sich um eine unverzeihliche Organisationspanne handelt oder doch wieder nur um die klassische Läuferblindheit nach dem Motto: In den letzten fünftausend Jahren sind wir an dieser Stelle links abgebogen, lass' uns diesmal doch nach rechts laufen und sehen, was passiert.

Wenn ich also wage, die Floskel von einem „gut organisierten Lauf" aus dem völlig verstaubten Giftkeller der Formulierungen hervorzuholen, dann war der Lauf wirklich gut organisiert. Und wenn es Pleiten, Pech und Pannen regnete – es ist doch nur ein Volkslauf! Selten, ganz selten rege aber auch ich mich ein ganz bisschen auf.

Wir sind doch alle Läufer

Was ich kann, eine Olympiasiegerin aber nicht –
und die meisten Fußballprofis erst recht nicht.

Alle meine lieben Kolleginnen und Kollegen von den Nachbarzeitungen plündern längst das Buffet, als ich immer noch mit Heike Drechsler in einer Ecke sitze und Fachgespräche führe – ich laufe, sie läuft, das verbindet.

Sie lief in ihren allerbesten Zeiten ungefähr doppelt so schnell wie ich und sprang doppelt so weit, was sie unter anderem bei zwei Olympiasiegen bewies, während es bei mir nicht einmal für eine Ehrenurkunde bei den Bundesjugendspielen reichte. Jetzt aber hat sie ein schickes Hotel in der Nordheide besucht, um im Auftrag ihres Arbeitgebers, einer Krankenkasse, den neuen Trimm-dich-Pfad vorzustellen. Trimm dich heißt das längst nicht mehr, sondern irgendetwas mit Fit und Fun – und ein Smartphone spielt auch eine Rolle. Wirklich gut habe ich mir das aber nicht gemerkt angesichts dieses hohen Besuchs. Wann bekommt der Provinzschreiberling ansonsten eine Olympiasiegerin zu Gesicht?

Eine meiner schlimmsten Unarten ist es, dass ich irgendwann grundsätzlich auf meine Lauferlebnisse zu sprechen komme, wenn ich mich mit einer Leichtathletin oder einem Leichtathleten, gleich welcher Güteklasse, unterhalte. Auch, wenn ich im Dienst bin, sobald sich die Gelegenheit ergibt. Und sie ergibt sich bald. Arglos erzählt die gute Frau Drechsler davon, dass sie sich jetzt mit etwas längeren, ruhigeren Läufen über zehn Kilometer fit hält.

Mein Stichwort. „Ach für mich sind die kürzeren Strecken nichts. Ich trainiere lieber für einen Marathon."

„Was, ein Marathon?", ist oder tut sie völlig begeistert. „Nee, das würde ich nie durchhalten."

Und schon plauschen wir über unsere Feiern zum 50. Geburtstag und das Gefühl, das Mann und Frau dabei hat – uns eint nämlich auch der Jahrgang. Vom Buffet bekomme ich gar nichts mehr ab.

Wäre ein Gespräch dieser Art bei Fußballern vorstellbar? Definitiv nicht. Bestimmt hat noch nie ein Dorfjournalist einem aktuellen oder ehemaligen Nationalspieler von seinen früheren Traumtoren in der Bezirksliga oder vom anstehenden Alt-Herren-Spiel gegen den Lokalrivalen am kommenden Sonntag erzählt. Amateure und Profis spielen vielleicht nach den gleichen Regeln, halten sich ansonsten aber in unterschiedlichen Galaxien auf.

Vor allem die Profis – die gern exzentrisch genannt werden, sich in Wahrheit aber einfach nur nicht benehmen können – haben mir manchen unvergesslichen Moment in meinem Berufsleben geschenkt. Etwa der Kicker, den ich am Tag nach seiner Nichtberücksichtigung für das nächste EM-Turnier freundlich nach seiner Meinung dazu befragte, und der mir daraufhin erklärte, dass ich ihn gefälligst in Ruhe lassen und abhauen sollte. Er roch etwas streng.

Auto fahren durfte er bestimmt nicht mehr, für eine Halbzeit lustlosen Fußball hat es gerade noch gereicht.

Unvorstellbar unter Läufern. Man achtet einander und freut sich über die Erfolge des anderen. Da wartete ich neulich nach einem eher mäßigen Halbmarathon in Hamburg im Bahnhof auf meinen Zug, als ich die ewig sonnig gelaunte Jana Sussmann traf, vor ein paar Jahren deutsche Hindernis-Meisterin und jetzt Siegerin mit ihrer Staffel beim Halbmarathon. Ich sah sie nach dem Start für ungefähr zwei Sekunden schemenhaft vor mir, dann war sie verschwunden.

„Puh", sagt sie nur, „ein ganzer Halbmarathon, das wäre wirklich nichts für mich." Gut, umgekehrt hätte ich bestimmt große Angst, beim ersten Kontakt mit dem Wassergraben abzusaufen.

Einen Tag später spreche ich wieder mit diversen Fußballern, die sich in der Kreisliga anhören wie die Profis, weil sie eine Ecke regelkonform ausgeführt haben. Ein paar von ihnen sind wirklich nett. Schade, dass ich nie gekickt habe und keine Erlebnisse mit ihnen austauschen kann. Da muss ich wohl auf die nächste Olympiasiegerin warten.

Sternschnuppen

Warum manche Läufer irgendwann so plötzlich von der Bildfläche verschwinden, wie sie gekommen sind.

Ich will ja nicht gemein sein. Es gibt auch Fußballer, die durchaus intelligente Gedanken äußern, dabei sich, ihren Club und ihre Sportart nicht als den Nabel der Welt ansehen. Es gibt unter den Läufern aber auch ein paar Kotzbrocken. Nur wenige, aber die kennt erstens jeder und die ruinieren gern zweitens den Ruf der ganzen Leichtathletik.

In Lüneburg gab's da zum Beispiel einen Crack, nennen wir ihn mal Dieter. Gefühlte zwei Wochen nach der Verbeamtung ließ er sich unter Hinweis auf ein Zipperlein im Rücken frühpensionieren, um sich dann ganz auf die Lauferei zu konzentrieren.

O ja, er war schnell. Und oft genug war er der Schnellste. Aber manchmal schaute er am Tag des Volkslauf auch nur auf dem Sportplatz vorbei, um unauffällig zu gucken, ob es denn eventuell einen schnelleren Konkurrenten geben könnte. Zweiter Platz, das war nichts für ihn, da meldete er sich lieber gar nicht an, lief die Runde lieber andersherum, um das Wettkampfgeschehen von der Piste aus hautnah zu beobachten und um sich der Lächerlichkeit vollkommen preiszugeben.

Ob er sich irgendwann nicht mehr traute oder ob er sich einfach zu langsam fühlte – irgendwann ließ sich Dieter gar nicht mehr blicken. Das eine oder andere Lästermaul hatte gehört, dass er neuerdings andere Leute trainiert – Leute, die daran erkennbar waren, dass sie innerhalb kürzester Zeit als Folge der Dieter-Diät abgemagert waren und aussahen wie der dünnere Bruder von Harald Norpoth.

Irgendwann tauchte aus dem Nichts eine Schwester auf, beziehungsweise Dieters Frau. Sie lief – aber nur dort, wo ihr niemand gefährlich werden konnte. Er coachte sie mit vollem Einsatz. Zum Beispiel auf dem Fahrrad während eines Halbmarathons in Hamburg, um die Konkurrenz im Auge zu behalten, ihr schon mal Verpflegung von den Ständen zu besorgen und ganz nebenbei um mich, der ein paar Meter vor seiner Göttergattin lief, zweimal fast über den Haufen zu fahren.

Inzwischen wurde auch sie lange nicht mehr gesehen. Es gab wohl keine Kreis- oder Bezirksrekorde in ihrer Altersklasse mehr, die sie noch knacken konnte.

Laufen gilt ja nicht völlig zu Unrecht als Sport fürs Leben. Von der Piste in die Kiste – wenn man schon stirbt, dann wenigstens fit. Aber oft, viel zu oft für meinen Geschmack, verabschieden sich einige Mitläufer von einem Tag auf den anderen. Den Dieter vermisst niemand wirklich. Aber auch deutlich sympathischere Zeitgenossen verschwinden.

Der eine oder die andere hat sich einfach übernommen, zu viel trainiert, zu wenig regeneriert. Die sind fertig. Eine wirklich sehr gute Ultraläuferin von einst saß später wie ein Häuflein Elend ausgebrannt beim Arzt, der ihr klar machte: „Was können Sie sich jetzt noch für ihre ganzen Titel und Bestzeiten kaufen? Nichts." Traurige Geschichten – und all das, damit bei der Marathon-Bestzeit vorn eine Zwei zu finden ist.

Andere sind einfach aus dem Hamsterrad ausgestiegen. „Ich muss trainieren, sonst geht die Fitness flöten. Und wenn ich noch besser werden will, dann muss ich noch mehr trainieren. Dieses Muss, das war das Problem", erklärte mir zum Beispiel Fynn, ein sehr talentierter 18-Jähriger, seinen Ausstieg – den er übrigens ein Jahr später widerrief, weil Fußball dann doch nicht so sein Ding war.

Dieses Muss, das war und ist wohl auch das Problem diverser älterer Läufer, die ausgestiegen sind, weil es nicht mehr weiter voranging. Manche meiden Wettkämpfe und laufen nur noch zum Spaß. Manche suchen sich plötzlich eine ganz andere Bestätigung, zum Beispiel eine halb so alte Freundin oder einen doppelt so alten fahrbaren Untersatz.

Ach, dieses Muss. „Im Februar/März musst du loslegen", klärte mich gerade Lauf-Guru Peter Greif per Newsletter auf. Muss ich wirklich?

Der Berg ruft

Wie ich mich vom Flachlandtiroler zur Gemse entwickelte, Rückschläge aber nie ausschließen kann.

„Kommt, wir gehen wandern." Noch heute bekomme ich eine Gänsehaut, wenn ich an die Worte denke, die mein Vater allzu gern an einem ansonsten ereignislosen Samstag sprach. Wandern, das hieß in meiner Heimat erst einmal: ab ins Auto, in Serpentinen hoch zum Seesener Hausberg, dem Sternplatz, und marschieren.

Da es in meiner Jugend weder Wetter-Apps noch Navigationssysteme gab, liefen die Ausflüge regelmäßig auf eine doppelte Katastrophe zu. Wir verirrten uns erstens hoffnungslos und wurden zweitens bei der Suche nach dem Parkplatz nass bis auf die Knochen, da der Westharz schon damals ein berüchtigtes Regenloch abgab.

Wandern? Bäh! Berge? Bäh! Ich entwickelte eine ausgesprochene Allergie gegen Bewegung auf unebenem Boden.

Wäre ich mal nach Ostfriesland gezogen oder wenigstens ins flache Münsterland, müsste ich mir jetzt keine Gedanken um Berge machen. Aber in und um Lüneburg – bitte nicht lachen, liebe Oberbayern oder Erzgebirgler – gibt es durchaus ein paar Erhebungen, die Läufer zittern lassen. Kurz, aber giftig. Unscheinbar, aber gemein.

Ich bin ja nicht allein mit meiner Bergphobie. Erwachsene Männer weinen, wenn sie an den Schlussanstieg in Amelinghausen denken – es handelt sich um knapp zehn Meter Höhenunterschied, die man mit ein paar ausladenden Schritten hinter sich bringt. Das halbe Feld jammert, wenn es zum Abschluss der hiesigen Volkslaufsaison in Westergellersen über die sieben Hügelchen des Einemhofer Forstes geht.

Zugegeben, anfangs tat ich mich schwer beim Gedanken, für diese Horroranstiege freiwillig zu trainieren Mir reichte schon, dass ich beim Lauftreff immer wieder mittwochs und sonntags im Tiergarten denselben Anstieg an der Ostumgehung hochschnaufen musste. Und in der Heimat meiner Liebsten im Teutoburger Wald spulte ich einmal pro Jahr ächzend zehn Trainings-Kilometer herunter, um mich danach zu fühlen wie Reinhold Messner nach der Besteigung des vierzehnten Achttausenders.

Wenn ich mir dann einen größeren Lauf vornahm, etwa einen Marathon, habe ich mir grundsätzlich erst einmal das Höhenprofil mit einer Lupe angeschaut. Und wenn Lauffreunde begeistert von quasi-alpinen Abenteuern wie dem Rennsteiglauf oder dem Hermannslauf erzählten, dachte ich: „Wie kann man nur?"

Irgendwann habe ich aber entdeckt, dass man sich mit ein bisschen Bergtraining ganz gut auf Läufe im Flachland vorbereiten kann. Mittlerweile habe ich sogar einen Hausberg – sollten Sie mal am Schiffshebewerk bei Scharnebeck vorbeikommen, steuern Sie einfach den asphaltierten Weg hoch zum Kanal an. An sehr guten Tagen, also zirka zwei-, dreimal pro Jahr, schaffe ich das Stück in weniger als drei Minuten. Einen fieseren Anstieg als diesen habe ich leider noch nicht in fußläufiger Entfernung entdeckt.

Irgendwann traute ich mich sogar an Wettkämpfe, die ein paar Höhenmeter mehr zu bieten haben als die heimischen Strecken für Flachlandtiroler. Schmerzvoll habe ich erfahren und irgendwann auch verinnerlicht, dass man tunlichst nicht schon am Fuß des Hügels alles geben muss – oben könnte man sich sonst übergeben. Kleinere Schritte bergauf empfehlen sich ebenso wie eine gewisse Zurückhaltung, solange der letzte Anstieg noch nicht passiert ist.

Erstaunlicherweise kann ich dicker Klops mittlerweile sogar manch' dünnem Hering am Berg demonstrieren, wo der Frosch die Locken hat. Vor dramatischen Einbrüchen bin ich allerdings trotzdem nicht sicher. Vor allem, wenn ich mir das Streckenprofil dann doch nicht so genau angeschaut habe wie neulich in Borgloh.

Hermannslauf in klein *(Borgloher Weiherlauf 2014)*

Der Borgloher Weiherlauf gehört zum „Dreierpack", der aus fünf Läufen im südlichen Landkreis Osnabrück besteht, in diesem Jahr aber nur auf vier, von denen man drei absolviert haben muss, um in die Wertung zu kommen – daher der Name. Typische Läuferlogik.

Gewöhnungsbedürftig ist für mich auch die Startzeit: freitags, 19 Uhr. Um die 300 Läufer für drei verschiedene Distanzen stellten sich auf dem mörderengen Schotterweg am Start auf. Ich stelle mich auf ein fürchterliches Chaos auf den ersten Metern ein, auf Massenstürze. Von wegen! Alle kommen gut weg. Niemand wird in den Weiher geschubst, um den wir erst einmal traben müssen. Die ersten zwei Kilometer schaffte ich in exakt neun Minuten. Ein Schnitt von 4:30 scheint also drin zu sein.

Doof nur, dass wir nun direkt auf die Berge zusteuern, deren Anblick ich zuvor fleißig ignoriert habe – Ausläufer des Teutoburger Waldes. Ich hatte in der Ausschreibung etwas von „Borgloher Schweiz" gelesen und völlig verdrängt, dass eine Schweiz in der Regel mit ordentlichen Anstiegen verbunden war. Und es kommen fünf dieser

---

Art auf mich zu. Ein fieser, ein sehr fieser, ein extrem fieser, ein sehr fieser und ein fieser. Ein Königreich für einen flachen Meter! Hoch und runter geht es wie an einem turbulenten Börsentag, dazu warten immer wieder herrlich matschige Passagen. Bisweilen ging es dermaßen steil bergauf, dass ich kaum weiß, ob ich noch laufe oder schon gehe. Nein, irgendwann muss ich einsehen: Ich gehe tatsächlich. Während eines Zehners. In Norddeutschland. Peinlich. Zu meiner Ehrenrettung sei erwähnt, dass ich nicht der einzige bin.

Tja, Borgloh gleicht einem Hermannslauf in klein. Sogar mit Einheimischen, die ordentlich Radau machten. Bei Kilometer acht ist das Gröbste geschafft. Ein paar Cheerleader feiern jeden Läufer, selbst den aus Lüneburg, der allmählich aufpassen muss, nicht über seine Zunge zu stolpern. Ich lasse es rollen und komme gut drei Minuten später als gedacht ins Ziel. Egal, bei fast 30 Grad am Abend schmeckt die Bratwurst um so besser.

Und wo habe ich am nächsten Morgen Muskelkater? In den Armen! Ich muss an meiner Bergauf- und Bergablauf-Technik wohl noch gründlich arbeiten.

Golfen ist wie Laufen, nur anders

Worüber selbst George W. Bush
mal einen klugen Gedanken äußerte.

Ich habe noch nie einen ambitionierten Läufer kennengelernt, der auch leidenschaftlich golft. Diese beiden Sportarten binden offenbar jede für sich so viel Ehrgeiz, Mühe und Lebenszeit, dass man sich für eine von ihnen entscheiden muss. Dabei liegen die Gemeinsamkeiten doch auf der Hand.

Erstens bewegt man sich dabei vorzugsweise in kleinen Gruppen durch die Natur und hat viel Zeit, sich über die wichtigen Dinge des Lebens zu unterhalten. Golfer mögen andere Themen haben: die Immobilienpreise, die anstehende feindliche Übernahme von Firma Gernegroß oder die aktuellen Intrigen im FDP-Kreisverband. Ja, die alten Vorurteile. Doch spätestens im Clubheim dreht sich alles dann doch nur um Golf, so wie im ordinären Vereinsheim alle nur noch über das Laufen reden.

Zweitens verlieren Läufer wie Golfer nie die Illusion, dass sich mit dem Erwerb des neuesten Zubehörs ihre Leistungen explosionsartig verbessern werden. Was dem Läufer der ultraleichte Schuh mit der luxuriösen Dämpfung ist, das ist dem Golfer das handgeschmiedete Eisen, mit dem der Ball nie wieder zwischen die Bäume gepfeffert werden kann.

Drittens: Wo können Läufer wie Golfer, die sich in ihrem Alltagsleben nur in weiß, hellblau, schwarz und fifty shades of grey kleiden, so hemmungslos Signal- und Schockfarben wie quietschgelb, neongrün oder rosarot tragen – und das am besten noch miteinander kombiniert? „Edding-Stifte" nannte ich einst die Athleten eines Nachbarvereins, deren Shirt und Hosen dermaßen gelb leuchteten, dass jede Zitrone vor Neid erblassen musste. Mittlerweile weiß ich, dass sie uns nur als Trendsetter auf noch viel wildere Farbkombinationen vorbereiten sollten.

Viertens kennen Läufer wie Golfer im optimalen Fall die drei Phasen eines Sportlerlebens. Läufer lernen erst einmal, wie man überhaupt ein Rennen durchsteht, tun dann alles dafür, um immer schneller zu werden, um endlich nach ein paar Jahren oder Jahrzehnten in die entspannte Phase zu treten. Golfer wollen erst die Platzreife, dann unter Zuhilfenahme möglichst vieler Turniere ihr Handicap auf einen vorzeigbaren Wert drücken. Und am Ende wollen sie einfach nur Spaß haben.

Fünftens lässt sich Laufen wie Golfen auf die Dauer nur mit einer gewissen Demut und ganz viel Selbstironie ertragen. „Es ist schon erstaunlich, wer mich alles schlägt, seit ich nicht mehr Präsident bin", hat George W. Bush über seine Golfkünste gesagt. Wären doch auch in seiner Amtszeit alle seine Äußerungen so intelligent gewesen! Mister Bush lief übrigens auch mal einen Marathon in 3:44 – eineinviertel Stunden schneller übrigens als Al Gore, sein Rivale bei den dramatischen Präsidentschaftswahlen im Jahre 2000.

Sechstens sind nur Läufer und Golfer so blöde, Tausende von Euro auszugeben, nur um ihre üblichen 42,195 Kilometer oder ihre 18 Löcher in der Ferne anzugehen. Läufer schwärmen vom New-York-Marathon als ihrem Lebenstraum, Golfer bekommen feuchte Augen auch nur beim Gedanken, eine Runde auf der angeblich schönsten Anlage Jamaikas in Montego Bay zu spielen. Gut, Fußballer mögen auch von einem Spiel in Wembley oder im Camp Nou von Barcelona träumen. Hier bleibt es aber in 99,99 Prozent aller Fälle bei einem Traum.

Einen schönen Aspekt bietet aber nur das Golfen. Einem Amateur gelingt an einem besonders glücklichen Tag auch mal ein perfekter Schlag, ein Hole in One oder zumindest ein Birdie auf dem schweren Par 4, während der Profi auf der gleichen Bahn seinen Ball erst in den Wald schlägt, dann in den Bunker und beim Putten zweimal millimeterknapp am Loch vorbei. Ich hingegen kann beim Laufen tun, was ich will, wie zufällig die perfekte Schrittlänge treffen, das Läuferdreieck mit den Armen wie aus dem Lehrbuch bilden und mich voll auf den dynamischen Abdruck fokussieren. Der Profi aus Kenia nimmt mir trotzdem auf jedem Kilometer mindestens 350 Meter ab, auch wenn er dreimal stolpert, sein Schnürsenkel lose ist und er in Gedanken schon beim Zählen der Siegprämie ist. Er ist in 100 von 100 Fällen schneller als ich. Wie ungerecht!

Gedankensprünge

Warum Läufe bisweilen für völlige Leere im Gehirn sorgen – und warum das gar nicht so schlecht sein muss.

Es gibt diese Tage, an denen ich direkt aus dem Büro mit grimmiger Miene zu meiner Laufrunde stürme. Alle Kollegen haben nur genervt, und der Chef wird nie erkennen, dass ich allein den Betrieb am Laufen halte. Doch was immer mir tagsüber die Laune verhagelt hat, ist nach wenigen Kilometern vergessen. Ebenso zu Hause. Hat die Liebste wieder gemeckert, bloß weil ich mit den schmutzigen Schuhen durch den frisch gewischten Flur gegangen bin! Was für ein zänkischer Drachen! Kaum habe ich ein paar Schritte Richtung Wald geschafft, ist sie wieder die allerliebste Frau der Welt.

Laufen mag gut für Herz und Kreislauf sein, für Lunge und Libido. Doch definitiv verringert dieser Sport die Wahrscheinlichkeit, an einem Magengeschwür elendig zugrunde zu gehen. Andere schalten ab bei Qigong, fünf Stunden Geballer am Computer oder bei Wagner-Opern, mir reichen ein paar entspannte Laufschritte.

Was mir vor zehn Minuten schwer zu schaffen machte, ist plötzlich unwichtig. Erst recht, wenn ich mit Leuten vom Lauftreff unterwegs bin. Die will ich nicht mit Betriebsinterna belasten, erst recht nicht mit der Frage, ob ich mich denn nicht häufiger um den heimischen Abwasch kümmern sollte.

Fußball geht fast immer als Small-Talk-Thema im Wald. Der eine mag Bayer Leverkusen, der andere Borussia Dortmund, die dritte schwört auf Mainz 05. Fast alle hassen die Bayern. Ausführlich werden in aller Regel auch vergangene Wettkämpfe analysiert und kommende Abenteuer beleuchtet. „Wenn ich weiter so schlecht trainiere, dann brauche ich gar nicht erst nach Hamburg fahren." Sagen meist die Leute, die den Lauftreff nur zum Entspannen zwischen den fünf harten Intervall-Einheiten pro Woche nutzen und natürlich fit bis in die Haarspitzen an der Startlinie stehen werden. Passiert mir also eher nicht.

Klar reden wir auch gern über nicht Anwesende, nur Gutes, natürlich. Mancher Stammgast eines Lauftreffs kommt sicher nur regelmäßig, weil er Angst hat, dass ansonsten eine Stunde über ihn und seine kleinen Macken gelästert wird. Aber den schönsten Gesprächsstoff geben doch Läufer aus anderen Orten oder Vereinen her. Bei uns reicht nur das Wort „Pastewka!" – und jeder weiß Bescheid, dass es um den Kerl geht, der dem Schauspieler nicht nur sehr ähnlich sieht, sondern aufgrund seines stets zu hoch gewählten Anfangstempos bei einigen Volksläufen regelmäßig auch eine komische Figur macht. Oder 29 Mal wird mit jeweils neuen Details zum Besten gegeben, wie sich neulich der Ehrgeizling aus dem Nachbarort beim Volkslauf im Wald verirrt hatte und anschließend die erstbeste Helferin anschrie: „Es geht hier um wichtige Punkte für den Volkslauf-Cup!"

Aber das Abschalten funktioniert auch ohne Gesellschaft. „Ich laufe, um Leere zu erlangen", meint der japanische Schriftsteller Haruki Murakami. Und: „Wenn ich laufe, dann laufe ich einfach." Diese Sätze lassen sich sehr viel leichter verstehen als viele Wendungen in seinen Büchern mit Parallelwelten und sprechenden Katzen. Ich kann sie trotzdem nicht bedingungslos unterschreiben. Ich laufe nicht, um Leere zu erlangen. Diese kommt oft von ganz allein.

Es gibt diese Tage, an denen ich extra meine Schuhe schnüre und losrenne, um über etwas in Ruhe nachzudenken. Das klappt bei mir nie. Zehn Minuten bleibe ich beim Thema, wenn ich mich sehr gut konzentrieren kann. Dann drückt der Schuh. Ich überlege, ob die Dämpfung schon schlapp macht und ich mir ein neues Paar besorgen muss. Oder ob mein Fuß verletzt ist? Nächste Woche müsste ich eigentlich auch mal wieder schnell laufen. Die Bäume sind ja schon kahl geworden. Ob ich wohl zwischen Weihnachten und Silvester ein paar freie Tage einlegen kann? Über was wollte ich eigentlich in Ruhe nachdenken?

Irgendwann denke ich nur noch in homöopathischen Dosen: linker Fuß nach vorn, rechter Fuß nach vorn, links, rechts, links, rechts, Leere.

Manchmal kommen mir geniale Ideen, habe ich bahnbrechende Projekte im Hinterkopf. Aber in der Regel ein paar Kilometer zu früh vor der Ankunft, bis dahin hat sich alles wieder in Gedankenfetzen aufgelöst. Vielleicht sollte ich ein Diktaphon mitnehmen? Wahrscheinlich würde ich aber mit ein paar Stunden Abstand denken: Was hast du dir da wieder für einen Unsinn ausgedacht?

Selbst wenn ich mit Musik laufe, laufen meine Gedanken in alle nur denkbare Richtungen auseinander. Die Titel dürfen den Fluss nicht stören. Andererseits bin ich sowieso nicht mit Taktgefühl ausgestattet, so dass es völlig egal ist, ob ich nun Stücke mit 90 oder

---

Der Sechste ist der Fieseste
(Volkslauf in Westergellersen 2014)

„Was denkt man eigentlich beim Laufen?", wurde ich neulich gefragt.

Ich war sprachlos. Denke ich nur an Zwischenzeiten und daran, wie ich meinen Vordermann überholen kann? Oder höre ich lieber zu, wie die Vöglein zwitschern? Ich habe mal auf der 10,8-km-Distanz beim Herbstlauf in Westergellersen tief in mich hineingehorcht.

1. Kilometer: Mein Gott, haben es alle eilig. Ein paar Jungspunde ziehen an mir vorbei, ebenso Knut und Reinhard aus meiner Altersklasse. Die sehe ich wohl nie wieder.

2. Kilometer: Vor mir läuft einer mit langer Hose und dickem Shirt. Ich würde ja eingehen.

3. Kilometer: Ach, das Wetter ist viel zu herrlich, der Wald viel zu bunt, um hektisch zu werden. Ich guck' auf die Uhr. 13:50 Minuten – rund eine Minute langsamer als bei den letzten Läufen. Gut so!

4. Kilometer: Denk' ich überhaupt irgendetwas? Mir wird es zu warm unter meinem Kopftuch. Ich binde es mir lieber ums Handgelenk.

135 Beats per Minute auswähle. Am liebsten höre ich meine Lieblingsstücke, die ich schon bei der Runde vor zwei Wochen gehört habe. Die stören meine Gedanken nicht.

Hart sind in der Marathon-Vorbereitung die langen Läufe. Wer 30 Kilometer allein mit sich und seinen Beinen ist, der wünscht sich ein paar kleine Krisen geradezu herbei. Denn sonst können sich drei Stunden gewaltig dahinziehen. Nichts denken, einfach nur laufen lassen, das wäre der Idealzustand. Aber wer hält das schon drei Stunden durch.

---

5. Kilometer: Jetzt geht es bergab. Ich versuche, halbwegs schnell zu laufen und dabei doch Kräfte zu sparen für die fiesen Wellen, die noch kommen werden.

6. Kilometer: Ich brauche doch nichts zu trinken bei einem Zehner? Aber es ist doch ganz schön mild. „Das ist Wasser? – Danke!"

7. Kilometer: Ich laufe mit einem der Jungspunde von vorhin. „Oh", sagt er nur knapp, als wir die Wellen vor uns sehen. „Oh", denke ich.

8. Kilometer: „Es sind nur vier Berge", behaupte ich keuchend, „oder vielleicht fünf."

9. Kilometer: Es sind sechs. Und der sechste ist der fieseste. Gehen, das wäre jetzt fein. Aber Gehen ist keine Option. Vor allem dann nicht, wenn man noch einen Läufer neben sich hat.

10. Kilometer: Wir rechnen zu zweit aus, wann wir wohl im Ziel sind. „Die 50 Minuten packen wir nicht mehr", befürchte ich.

Die letzten 800 Meter: Wir haben den Wald verlassen, hören schon den Sprecher auf dem Sportplatz. „Lauf mal los", meine ich kurz vor der Zielgeraden auf dem Sportplatz – und er zischt ab. Er erreicht in 50:04 das Ziel, ich in 50:17. Ich gönne ihm gern den Vortritt. Schneller hätte ich eh nicht mehr gekonnt.

Einmal legte ich eine längere Runde auf den letzten Bundesliga-Spieltag, hörte mir an jenem Samstag auf meinem MP3-Player die Radio-Konferenz von der ersten Minute bis zum Abpfiff auf allen neun Plätzen an. Die Ergebnisse fielen anders aus, als von mir erhofft – ich ärgerte mich bei jedem Tor für die falsche Mannschaft, stampfte wütend viel zu schnell am Kanal entlang und hatte überhaupt nicht das Gefühl, abschalten zu können. Angeschaltet habe ich das Radio beim Laufen seitdem nie wieder.

Ein zutiefst öder Zeitvertreib

Warum ich immer wieder anders laufe –
und das Klo bisher doch noch immer
gefunden habe.

Immer seltener lese ich von einem Ehepaar wie von Heinz und Gerda aus Recklinghausen, das zum 30. Mal Urlaub macht in der schönen Lüneburger Heide, immer in der Pension Sonnenschein, und für diese Treue vom Ortsbürgermeister mit einem großen Geschenkkorb überrascht wurde – Wacholderschnaps und Heidehonig inklusive. Die Kinder von Heinz und Gerda fliegen heute nach Mallorca, morgen nach Dubai, Weihnachtsgeschenke kauft man in den Staaten. Und die Enkel träumen vielleicht von einem Backpacker-Jahr in Australien, hängen in Berlin herum oder in Amsterdam. Hauptsache, man sieht etwas von der Welt.

Viele Läufer sind wie Heinz und Gerda. Hans-Detlef zum Beispiel, der feierte neulich seinen 25. Start beim Hamburg-Marathon in Folge. Außerdem war er schon 25 Mal in Berlin gestartet. Und einmal vor zig Jahren in Bremen. Hat ihm da offenbar nicht gefallen. In Hamburg kriegt er eine Wunschstartnummer, VIP-Behandlung und satte Rabatte – warum sollte er sich also auf das total unkalkulierbare Abenteuer einlassen, mal in einer völlig anderen Welt, beispielsweise in Hannover, zu starten?

Diverse andere Läufer düsen im Urlaub zwar kreuz und quer in der Weltgeschichte herum, doch Marathon gelaufen wird in Hamburg. Und vielleicht auch mal in Berlin. „Da weiß ich genau, wo die Anmeldung ist und wo die Dixi-Klos", meint einer von diesen konservativen Knochen.

Es gibt halt zwei Arten von Läufern. Die Gewohnheitstiere und diejenigen, die immer Abwechslung brauchen. Die Leute, die glücklich sind, wenn sie jeden Mittwoch um 18 Uhr genau die Runde laufen, die sie auch in der vergangenen Woche gelaufen sind und die sie in der nächsten Woche laufen werden. Und diejenigen, die immer mal wieder neue Strecken erkunden müssen, auf die Gefahr hin, sich auch einmal hoffnungslos zu verlaufen. In Mitteleuropa wird man wahrscheinlich überleben können.

Ich bevorzuge die Abwechslung. Denn tief im Inneren spüre ich doch, dass Laufen einen zutiefst öden Zeitvertreib darstellt. In jedem zweiten Laufbuch stehen Tipps der Art wie: „Lauf deine Stammrunde doch einmal andersherum!" Habe ich einmal gemacht bei einer Tour, die ich bestimmt schon 40 Mal linksherum gerannt bin. Rechtsherum habe ich mich prompt verirrt. Das sah plötzlich alles so anders aus!

Aber trotzdem hilft es ungemein, jede Runde immer wieder anders zu gestalten. Zweimal pro Woche laufe ich zum Beispiel in der Regel in Begleitung, zweimal allein. Mal bin ich mit Musik unterwegs, meist ohne. Stammrunden führen mitten durch einen einsamen Wald, in dem ich wirklich nie mit einem Knöchelbruch liegen möchte, oder mitten durch die Stadt. Klar gibt es auch bergige Runden – zumindest bergig für nordostniedersächsische Verhältnisse – oder pfannkuchenflache. Mal laufe ich schnell, meist laufe ich nicht ganz so schnell. Manchmal trödle ich richtig.

Wenn mich eine Eigenschaft an meinen ansonsten anbetungswürdigen Mitläufern von den Düvelsbrook Dynamics richtig nervt, dann ihr Heinz-und-Gerda-Gen. Sonntags um 9 Uhr geht es erst rechtsherum auf der Stammrunde durch den Tiergarten. In der

Im Land der Superbauern
(Halbmarathon Doetinchem 2014)

Doetinchem muss man nicht unbedingt kennen. Aber dann kennt man auch den kultigen Fußballclub De Graafschap nicht – die „Superbauern" des niederländischen Fußballs, eine Mischung aus SV Meppen und VfL Bochum. Und man kennt den „Halve Marathon van Doetinchem" nicht, eine grundsympathische Laufveranstaltung, zu der sich trotz der nahen Grenze nur eine Handvoll Deutscher trauen.

Startschuss. Ja, ein echter Schuss. Wir passieren bald eine kleine Unterführung (es ist die größte Delle im ansonsten absolut flachen Profil der Strecke) und laufen bald kreuz und quer über die Felder. Wir passieren diverse Bauernhöfe und sehen das Schloss Slangenburg immerhin mal von weitem.

Ich sauge die gute Stimmung am Straßenrand auf. Immer wieder stehen kleinere Grüppchen herum und feuern uns an. Klasse. Da wartet ja auch schon meine niederländische Gastgeberin mit ihren drei Töchtern. Ich winke freudig aufgeregt – doch je näher ich ihr komme, um so weniger sieht sie nach meiner Gastgeberin aus. Und ihre Töchter werden auch immer jünger …

Peinlich, ich muss mich wohl doch um eine Sportbrille in meiner Sehstärke kümmern. Hoffentlich steht die mir komplett unbekannte Dame nicht heute noch an der Ecke und überlegt, wer denn dieser verrückte Läufer war, der sie so plump angebaggert hat.

Das Ziel naht. Ich wundere mich darüber, wie kaputt man sein kann, auch wenn man gute sieben Minuten über der Bestzeit geblieben ist. Immerhin: Der Stadionsprecher begrüßt auch noch die letzten Finisher nach 2:20 Stunden genauso herzlich wie die Sieger. Paul von der Organisation erkundigt sich tags darauf per E-Mail sogar bei mir, ob ich denn auch heil und gesund im Ziel angekommen sei – mein Ergebnis war nämlich gar nicht erfasst. Leider hat er meine Zeit kurz darauf dann doch wiedergefunden.

zweiten Runde geht es dann auf exakt denselben Wegen linksherum. Und falls wir in der Marathon-Vorbereitung noch eine dritte Runde wagen, biegen wir wieder nach rechts ab. Gut, dass wir uns immer etwas anderes zu erzählen haben. Ich wäre sonst bestimmt schon einmal während des Laufens eingeschlafen.

Mittwochs in kleinerer Runde begeben wir uns von einem anderen Startort aus ins gleiche Revier. Für Abwechslung sorgen ansonsten nur zehn Zentimeter Neuschnee, zwei Wochen Dauerregen oder sonstige Wetterkapriolen. Dann meiden alle nämlich gern das Querfeldeinstück kurz vorm ehemaligen Fußballplatz in Wilschenbruch und bleiben lieber auf dem Hauptweg. Diese Runde ist knapp 200 Meter länger. Die kleinen Abenteuer.

Dafür lasse ich halt bei der Auswahl meiner Marathon-Läufe die Sau raus. Mallorca, Lübeck, Dresden, Amsterdam, Hamburg, Düsseldorf, Rotterdam, Leipzig, Florenz – die neun Orte meiner bisherigen neun Läufe kann ich nachts um drei auswendig aufsagen. Und ich habe bisher überall sowohl die Anmeldung als auch die Dixi-Klos gefunden.

Wem diese ewigen Runden durch fremde Städte auf Dauer zu eintönig sind, der kann sich ja auch in den Bergen versuchen oder bei schnuckligen Landschaftsläufen, auf kürzeren Distanzen oder auch mal bei einem Ultralauf. Ach, das Läuferleben ist viel zu kurz, um alles auszuprobieren. Und nicht jedes Event hält ewig. Wollte ich nicht den Marathon durchs Ruhrgebiet angehen, den eine große deutsche Kaufhauskette sponserte? Die Kette kriselt kräftig – und der Lauf fiel Sparmaßnahmen zum Opfer. Oder der Heide-Elbe-Ultralauf bei mir um die Ecke? Bei der ersten Auflage bewältigte ich die zweite Hälfte der 62 Kilometer von Bispingen nach Winsen/Luhe, bei der zweiten Auflage die erste Hälfte. Eine dritte, auf der ich mich vielleicht an die gesamte Distanz hätte herantrauen können, hat es leider nicht mehr gegeben.

Heinz und Gerda aus Recklinghausen besuchen vielleicht auch ein 40. Mal die Pension Sonnenschein. Aber ich bin mir sicher, dass sie tief in ihrem Herzen Rebellen sind. Die laufen bestimmt auch Marathon. Und zwar jedes Jahr woanders. Der Rock'n'Roll-Marathon in San Diego gefällt den beiden bestimmt ganz besonders gut.

Friss dich zur Bestzeit

*Warum ich Ernährungstipps für das Frühstück
vorm Marathon so spannend finde.*

Sechs Zettel hängen an meiner Tür. Sechs Zettel mit den letzten sechs Trainingseinheiten vorm Marathon. Kein Dreißiger mehr, keine harten Intervalle, keine Wettkämpfe, die ich volle Pulle rennen soll. Ich liebe das Wort „Tapering", das Herunterschrauben des Trainingsumfangs in den zwei Wochen vorm großen Lauf. Wie sollte ich sonst auch die Zeit finden, um panikartig sämtliche Laufbibeln, Onlineratgeber usw. zu verschlingen, damit ja nichts mehr schief geht. 500 Meter zu viel gelaufen, fünf Nudeln zu wenig gegessen – und schon war die ganze Vorbereitung für die Katz'.

In Herbert Steffnys Laufbuch finde ich 67 Tipps allein für die letzten zwei Wochen bis zum Start, vom rechtzeitigen Schneiden der Fußnägel bis zum Sex, der nur dann erlaubt ist, wenn er nicht mit Stress verbunden ist. Die ersten Astronauten dürften kaum besser vorbereitet in den Weltall gestartet sein. Was viele Läufer aber besonders interessiert, ist die Ernährung – als könne man mit dem richtigen Energieriegel gleich eine Minute pro Kilometer schneller wetzen. Steffny rät zu einer „leichten kohlenhydrathaltigen Mahlzeit zwei bis drei Stunden vor dem Start". Andere Experten gehen mehr ins Detail:

Trinken Sie als erstes ein Glas süßen Saft. Bereiten Sie Ihr gewohntes Frühstücksgetränk (Kaffee oder Tee) zu. Süßen Sie das Getränk mit Honig oder Zucker. Essen Sie jetzt keine Vollkorn-Produkte, denn diese enthalten viel Schlacken und die drücken Ihnen möglicherweise auf den Darm. Weiße Brötchen mit Marmelade oder Honig sind nun am besten geeignet und überall zu bekommen. Dazu ein bis zwei Bananen und die Sache stimmt. (Greif)

Toastbrot mit Honig gehört zu den beliebtesten Vor-Marathon-Frühstücken und ist gleichzeitig die wohl schlechteste Basis für einen Marathon. Wer zu viel schnelle Energie in Form von Zucker zuführt,

also kurzkettigen Kohlenhydraten, wie Weißbrot oder Graubrot, Bröt-
chen oder Toast, mit Honig oder Marmelade, muss mit der körpereige-
nen Blutzuckerpolizei Insulin und in der Folge schnell wieder sinken-
dem Blutzuckerspiegel rechnen. (laufcampus.ch)

Aha. Und dann lese ich, was Anna Hahner am Morgen vor
dem Wien-Marathon 2014 zu sich genommen hat: fünf Brötchen mit Frischkäse, Marmelade und Honig sowie vier Tassen Cappuccino. Und tags zuvor hat sie nach dem Abendessen fast 200
Gramm Schokolade vorm Fernseher weggeknabbert. Bei der Pasta-
party futterte sie Kaiserschmarrn. Ist sie fürchterlich eingegangen,
bekam sie Magenkrämpfe? Nicht ganz – sie wurde in Wien sensationell Erste.

Ich pack' also wieder alle Ratgeber weg und werde am Sonntag
vorm Start das essen, wonach mir ist. Und irgendwo treibe ich
bestimmt auch Schokolade auf.

Einmal pro Jahr

Warum die Innenstadt auch mal dicht sein darf,
ohne dass wieder ein Stau schuld dran ist.

Wem gehören die Straßen einer Stadt? Den Menschen, die dort
leben oder arbeiten – vor allem aber den Menschen, die motorisiert
von A nach B fahren. Einmal pro Jahr aber werden in vielen großen Städten Absperrschilder aufgestellt, der Verkehr wird für viele
Stunden weiträumig umgeleitet. Einmal pro Jahr gehören die Straßen den Marathonis. Leuten, die ansonsten allenfalls geduldet sind
an der Peripherie der Stadt, erobern den Asphalt zurück. Und das
gefällt leider nicht jedem.

Am Sonntag ist es in Leipzig soweit. „Große Teile der City am Sonntag dicht: Leipzig Marathon führt zu Verkehrseinschränkungen",
vermeldet die Leipziger Volkszeitung. „Der Veranstalter, die Stadt

Leipzig und die Polizeidirektion Leipzig haben das Verkehrskonzept intensiv abgestimmt, um die Einschränkungen so gering wie möglich zu halten. Dennoch ist von jedem Verkehrsteilnehmer an diesem Tag Geduld, Aufmerksamkeit und Verständnis gefragt", teilt die Stadt mit. Verständnis zeigt aber nicht jeder Kommentator auf der Internetseite der LVZ. Ein kleiner Auszug:

Wir haben so ein schönes Umland, warum muss man den Marathon durch dicht besiedeltes Gebiet machen und damit sämtliche Infrastruktur zum Erliegen bringen?

Im Clara Park im Kreis laufen hätte es auch getan. Nein reicht nicht, lieber legen wir mal eine halbe Stadt verkehrstechnisch lahm.

Die können ihre zehn Runden um das BMW Werk laufen, dort stört es keine Sau. Aber eine ganze Stadt jedes Jahr lahm legen. Es reicht Herr Jung. Sie fügen der Stadt immer wieder großen Schaden zu.

Schön, das die Organisatoren auch dieses Jahr keine Mittel und Möglichkeiten gescheut haben, den maximal erreichbaren Verkehrseinschränkungs-/Störungserfolg feiern zu können!

Wenn das Wetter datschenfreundlich ist, bin ich sowieso wieder auf meiner Scholle und muss mir nicht die nahe am körperlichen Zusammenbruch befindlichen Gestalten zu Gemüte führen!

Nein, nicht jeder Leipziger muss Laufen toll finden. Nicht jeder muss es gut finden, wenn 10.000 Menschen gern gemeinsam etwas mitten in der Stadt unternehmen wollen. Nicht jeder muss den Anblick eines durchschnittlichen Marathonis bei Kilometer 38 lieben. Irgendwo durch einen Park laufen, das können wir aber jeden Tag. Ein City-Marathon ist untrennbar verbunden mit der Rückeroberung der City durch den Zweibeiner. Der Hamburg-Marathon ohne die Landungsbrücken oder die Binnenalster, Berlin ohne die Zielgerade am Brandenburger Tor? Undenkbar.

Für das Vergnügen, mich dreieinhalb Stunden auf den Leipziger Straßen zu schinden, zahle ich meinen Obolus an örtliche Vereine. Ich verbinde den Lauf mit einem kleinen Urlaub, lasse wie viele andere Starter auch für Unterkunft und Verpflegung Geld in der

Lost in Leipzig *(Leipzig Marathon 2015)*

Läufer benötigen keine Gesprächstherapie und müssen nicht einmal einen Psychotest ausfüllen, um sich selbst besser kennenzulernen. Sie müssen nur auf den letzten zehn Kilometern eines Marathons tief in sich hineinhorchen. Wie stark ist der Wille, wie gut ist die Kondition? Und vor allem: Will ich das überhaupt, was ich hier gerade mache? Ich habe mich zwischen Kilometer 32 und 41 von einer Seite kennengelernt, die ich bisher noch nicht so gut kannte. Und die ich eigentlich nie kennenlernen wollte.

Bis Kilometer 32 läuft es gut, zu gut. Dann naht Marienbrunn. Links Plattenbauen, rechts eine Party mit Duschgelegenheit, die ich gern nutze. Meine Party endet aber abrupt ein paar Meter später. Die Beine verkrampfen sich, die Füße machen sich bemerkbar. Für den 33. Kilometer finde ich nur ein passendes Wort: scheiße. Ich laufe langsamer, ich trabe, ich gehe. Sämtliche Bestzeit-Pläne haben sich innerhalb weniger Minuten erledigt.

Wütend schmeiße ich mein Kopftuch weg. Komisch, mit dem Stoff scheine ich die Last des unbedingt Schnell-laufen-Wollens losgeworden zu sein. Die Beine fühlen sich nicht besser an, aber der Kopf ist frei. Ich lege regelmäßig Gehpausen ein, um würdevoll ins Ziel zu kommen. Um mich herum haben einige Mitstreiter ähnliche Probleme. Wir machen uns gegenseitig Mut – und die Zuschauer feiern auch die lahmsten Schnecken.

Ab Kilometer 41 wird nur noch gelaufen, gewunken und gegrinst. Ich vergesse fast, auf der Ziellinie einen Blick auf die Uhr zu werfen. Holla, 3:43 und ein Keks. Mehr als zwei Stunden habe ich für die zweite Runde gebraucht. Peinlich? Mir doch egal.

Als Zielverpflegung gibt es unter anderem warmen Haferschleim mit Rosinen, offenbar eine typisch ostdeutsche Delikatesse. „Es war nicht alles schlecht bei uns", erzählt ein Helfer mit breitem Grinsen. Ich komme sogar extra zurück, um mir einen zweiten Becher zu holen. Der Nachgeschmack kommt später. Den werde ich so schnell nicht los.

Stadt – für zehn Runden um ein Werk würde ich definitiv nicht kommen. Und wenn es mir in Leipzig gefällt, dann erzähle ich das gern weiter oder komme gar wieder. Über den gesundheitlichen Wert von Ausdauersport für Körper und Seele müssen wir sicher nicht streiten.

Aber ich spekuliere doch lieber einfach auf die Toleranz der Einwohner. Die große Mehrheit hält es bestimmt einen Tag aus, dass die Straßen den Läufern gehören, schauen vielleicht sogar interessiert den Aktiven zu, die sich monatelang mehr oder weniger hart auf diesen einen Sonntag vorbereitet haben und die für ein paar Stunden die Komfortzone ihres Lebens ganz bewusst verlassen. 364 Tage dürft ihr dann wieder mehr oder weniger ungehindert von A nach B fahren. Wenn ihr es denn angesichts der täglichen Staus auch könnt.

Niemand hört auf uns

Warum man sich das mit den Ratschlägen lieber
sparen sollte – mein Ratschlag!

Kennen Sie einen Bahnengolfer, der seine Vereinskameraden und den Rest der Welt mit fesselnden Reportagen von den Landesmeisterschaften oder vom Einladungsturnier auf den schwierig zu spielenden Eternitbahnen in Dingenskirchen unterhält? Oder einen Handballer, der regelmäßig seine Sicht zum aktuellen Regionsoberliga-Spieltag online stellt? Höchstwahrscheinlich nicht. Denn Bahnengolfern, Handballern und den meisten anderen Aktiven reicht es völlig, ihren Sport auszuüben. Sie müssen nicht auch noch über ihn schreiben.

Aber dafür gibt es ja die Fanseiten, auf denen vor allem Fußballanhänger von der Bundes- bis zur Bezirksliga ihren Idolen ewige Treue schwören und zwei Klicks weiter die 0:5-Niederlage am vergangenen Sonntag absolut überzeugend mit Schusspech und dem bestochenen Schiedsrichter begründen. „Trainer raus!!!!!", fordert

Kalle77 nichtsdestotrotz im Forum, während zwei Einträge weiter der seit sechs Wochen unter totaler Ladehemmung leidende Mittelstürmer gefeiert wird: „Timo, du bist der beste Mann!"

Gewöhnliche Läufer haben aber, abgesehen von ein paar Freunden und Verwandten, keine Fans. Und das, obwohl sie so viel erleben. Also müssen sie selbst in die Tastatur hauen. Wer sonst könnte die mittelprächtige Marathonzeit so gut mit dem plötzlich aufkommenden Gegenwind sowie dem unverzeihlich chaotischen Zuständen am vorletzten Verpflegungsstand begründen? Auch wenn man eigentlich nur wie üblich zu schlecht vorbereitet war, zu schnell angegangen und am Ende das Kämpferherz in die Hose gerutscht ist.

Nicht nur Läufer, sondern auch Radfahrer und vor allem Triathleten haben eine Mission. Wer auch immer einen Ausdauersport gewissenhaft betreibt, kann es nicht wirklich verstehen, dass andere Menschen noch so schnöde Leibesübungen wie Bahnengolf oder Handball ausüben oder gar Couch Potatos aus Überzeugung sind. Wer auch immer wo auch immer einen Laufbericht verfasst, der will in aller Regel nicht sagen: „Seht her, was für ein toller Hecht ich bin." Eher: „Seht her, was für ein toller Sport doch Laufen ist."

Man kommt ja auch herum auf dieser Welt. Bahnengolfer sehen immer nur 18 Bahnen, Handballer das Innere von diversen Dreifeldhallen in Gewerbegebieten. Über 800-Meter-Rennen könnte ich auch nicht viel mehr schreiben, als dass einem die zweite Stadionrunde in der Regel deutlich schwerer fällt als die erste. Wer aber erst einmal durch die Felder und Wälder läuft oder mitten durch die Stadt auf Straßen, die extra für ihn gesperrt sind, der platzt geradezu vor Eindrücken, die er loswerden muss.

Waren Sie schon einmal am Abend nach einem Marathon unterwegs mit acht bis zehn aufgekratzten Finishern? Alle sind ziemlich bis total ausgepumpt und reif fürs Bett, werden am nächsten Tag kaum eine Treppe runtergehen können. Aber alle plappern kreuz und quer durcheinander, um in möglichst kurzer Zeit möglichst viele Geschichten loszuwerden. „Hast du auch den Typen gesehen, der den Marathon in Cowboystiefeln laufen wollte?" – „Meine Güte, der Anstieg kurz vorm Ziel war letztes Jahr noch nicht so steil." – „Ich sag' ja, ohne intensives Intervalltraining wirst du niemals die drei Stunden knacken." Egal, ob einer zuhört oder nicht, es muss einfach raus, damit man süß träumen kann.

Gerade der Marathon-Läufer entwickelt sich mit der Zeit zum Reisereporter. Auf Mallorca, glauben Sie mir, läuft man besser nur einen Halbmarathon, weil die zweite Hälfte fast nur noch Hotelhinterhöfe und Strandpromenaden bietet. In Rotterdam sieht man als Marathoni viel mehr von der Stadt als in Amsterdam – man muss moderne Architektur allerdings mögen. In Florenz wartet eine fiese Eisenbahnbrücke bei Kilometer 32, aber kurz darauf folgen Dom, Ponte Vecchio und tückisches Kopfsteinpflaster. Wer da noch verbissen auf Bestzeit läuft, ist eh selbst schuld. Und so weiter, und so fort.

Das typische Sendungsbewusstsein eines Läufers. Angeblich soll es ja 80 Millionen Fußball-Bundestrainer in diesem Land geben, doch die streiten sich seit Jahrzehnten in aller Regel nur über Personalia. Seeler oder Müller oder beide? Netzer oder Overath? Warum immer noch Klose? Warum immer wieder Özil? Wer mit dem normalen Fußballfan über die Feinheiten des Gegenpressings oder Trainingsmethoden zur Steigerung der Schnellkraft sprechen will, kann ebenso gut versuchen, Usain Bolt zu einem Marathonstart zu überreden.

Läufer unternehmen ihre ersten Schritte als Anfänger. Irgendwann fühlen sie sich als alte Hasen, die anderen genau erklären können, wie man am effektivsten trainiert und Wettkämpfe bestreitet. Irgendwann, das bedeutet bei manchem nach ungefähr vier Wochen.

Neulich haben sogar zwei Kollegen in der Redaktion auf mich gehört, wo doch gerade Journalisten von Geburt an komplett bera-

Kanal voll
(Halbmarathon Bad Bevensen 2015)

Führende Philosophen der reinen Trainingslehre vertreten die These, dass zwei, drei Wochen nach einem Marathon die Bestzeiten auf den Unterdistanzen nur so purzeln. Sie kennen den Halbmarathon in Bad Bevensen nicht. Drei Kilometer durch die Wälder, fünfzehn Kilometer am Elbe-Seitenkanal und dann nochmal drei Kilometer durch die Botanik – das ideale Gelände allenfalls für Autisten.

Und ich mach' zwei Anfängerfehler: Ich habe vergessen, meine Uhr zu starten. Und ich hätte mal meinen rechten Schuh besser schnüren sollen. „Teilt euch die Strecke gut ein", ruft mir ein Streckenposten zu. „Natürlich!", antworte ich knapp – wirklich Puste habe ich schon nach drei Kilometern nicht mehr.

Dann wartet der Kanal. Ab und zu bläst mich eine Windbö fast ins Wasser, sonst passiert nichts. Wirklich absolut nichts. Wenn man fünfzehn Kilometer einfach nur geradeaus laufen soll, siebeneinhalb hin, siebeneinhalb zurück, dann muss man entweder über einen eisernen Willen verfügen oder über ein paar Mitstreiter. Ich habe weder das eine noch das andere.

Irgendwann überholt mich eine Dreiergruppe, die beim Wendepunkt bestimmt noch deutlich hinter mir lag, und ich finde nicht mehr die Kraft, ihr zu folgen. Manchmal ist Laufen richtig doof.

Statt einer Bestzeit laufe ich also die schlechteste Halbmarathonzeit seit Ewigkeiten. Ich weiß nicht, ob ich in nächster Zeit irgendwo irgendeine Bestzeit angreifen will. Ich weiß aber ganz bestimmt, wohin mich meine nächsten Trainingsrunden bestimmt nicht hinverlege – vom Elbe-Seitenkanal habe ich den Kanal erst einmal voll.

tungsresistent sind. Dem einen riet ich, seine funkelnagelneuen Schuhe nicht unbedingt beim Firmenlauf einzuweihen. Dem anderen schlug ich vor, nicht jeden Morgen die gleiche Runde im gleichen Tempo zu laufen. Und sie haben auf mich gehört! Behaupten sie jedenfalls.

In der freien Läufer-Wildbahn herrscht hingegen absolute Taubheit, was Ratschläge und Tipps angeht. Schon merkwürdig: Bei jedem Lauftreff und jeder privaten Runde mit zwei oder mehr Leuten drehen sich die Gespräche ums Laufen. Meinungsaustausch soll das sein? In aller Regel behält jeder Crack seine eigene Meinung.

Goethe riet schon: „Rat zu geben ist das dümmste Handwerk, das einer treiben kann. Rate sich jeder selbst und tue, was er nicht lassen kann." Und Cicero wusste: „Niemand kann dich besser beraten als du selbst."

Dabei gäbe es doch so viele Ratschläge zu verteilen. Wer kennt sie nicht, die Läufer, die einfach nicht auf uns hören wollen?

Den Bastian, der bei jedem Halbmarathon acht bis zehn Kilometer in unserem Windschatten läuft, obwohl er schon kurz nach dem Verlassen des Startbereichs rot anläuft und immer lauter schnauft, um am Ende eine Viertelstunde später ins Ziel zu humpeln als wir.

Die Janina, die sich nach ihrem letzten Volkslauf im alten Jahr, meist ungefähr Mitte September, mit einem fröhlichen „Tschüss – ich ruhe mich mal ein bisschen aus" verabschiedet, ungefähr zu Ostern wieder beim Lauftreff auftaucht und sich wundert, wo denn ihre schöne Form geblieben ist.

Den Ulf, der in der Marathonvorbereitung jeden, aber auch wirklich jeden langen Lauf so schnell wie möglich durchsprintet und sich wundert, dass er im Ernstfall spätestens bei Kilometer 33 völlig fertig ist.

Den Hans-Jörg, der keinen Volkslauf im Umkreis von 100 Kilometern auslässt, auch auf der Bahn jede Kreismeisterschaft mitnimmt und absolut nicht verstehen kann, dass seine Knie-, Achillessehnen- und Hüftschmerzen gar nicht verschwinden, obwohl er vor vier Wochen sogar mal zwei Tage ausgesetzt hat.

Die Anne, die sich vor jedem Training und jedem Fünf-Kilometer-Volkslauf ein paar Energieriegel und literweise Iso-Flüssigkeit reinwürgt, ohne Getränkegürtel nie auch nur eine Runde auf der Tartanbahn drehen würde, keinen Verpflegungsstand auslässt und immer noch nicht weiß, was sie gegen ihr Seitenstechen unternehmen soll.

Im Prinzip lassen sich alle Unarten auf zwei Weisen erklären: Man untertreibt es. Oder man übertreibt es. Und alle sollten es doch besser wissen. Sie müssten doch nur auf mich hören, oder?

Au, Aus, Ausreden

Warum ich für alles eine Erklärung finde,
wenn ich nur rechtzeitig mit dem Suchen beginne.

Es gibt nicht für alles in unserem Leben eine Erklärung, sehr wohl aber eine passende Ausrede. Ein schöner Spruch, der leider nicht von mir stammt, sondern von einem österreichischen Dichter und Aphoristiker namens Ernst Ferstl. Ob der gute Mann einen Volkslauf bestritten hat, entzieht sich leider meiner Kenntnis. Dabei hat er den tieferen Sinn des Wettkampfs präzise erfasst. Langsam läuft man nicht etwa, weil man zu doof war, sich eine überschaubare Zahl an Kilometern vernünftig einzuteilen, oder weil man eh ein fürchterlich unsportlicher Knochen ist. Nein, für alles gibt es mindestens eine Ausrede.

Tiergartenlauf, der Hamburg-Marathon des kleinen Mannes. Nirgendwo sonst sehe ich so viele bekannte Gesichter aus dem Lüneburger Lauf-Kosmos. Nirgendwo sonst ist es ein Ding der Unmöglichkeit, unbeobachtet seine Runde zu drehen. In völliger Ignoranz meiner zurzeit überschaubaren Form habe ich mich sogar für zwei Runden, also für 19,1 Kilometer, angemeldet.

Irgendwas ist immer
(Volkslauf in Adendorf 2015)

Kann ich nicht einfach mal Schuhe anziehen, starten, laufen, ins Ziel kommen, duschen, nach Hause fahren – und alles ist gut? Kann ich nicht einmal einfach nur an einem Volkslauf teilnehmen, ohne darüber im Anschluss Hunderttausende von Worten zu verlieren? Nein, ich kann es nicht. Denn irgendwas ist immer.

10.00 Uhr: Start in Adendorf, 10,1 Kilometer. Ich bin so wahnsinnig, den Hin- und Rückweg, jeweils gut 4,5 Kilometer, zum Ein- und Auslaufen nutzen zu wollen.

7.45 Uhr: Ich stehe auf. Es regnet ein bisschen.

8.00 Uhr: Es gießt. Kann mich meine Liebste nicht wenigstens nach Adendorf hinbringen? Der Regenradar sagt: Gegen kurz vor 9 Uhr soll es trockener werden.

9.00 Uhr: Es ist tatsächlich trockener geworden. Weil es aber gestern geschüttet hat, ziehe ich meine ältesten Laufschuhe an, die ich eigentlich schon entsorgen wollte.

9.30 Uhr: Ankunft in Adendorf. Weil ich nichts mehr hasse als die Vor-Start-Hektik, habe ich mich schon vor Tagen angemeldet und bezahlt, hole ganz in Ruhe Startnummer und Transponder für die Zeitmessung ab.

Erfahrene Läufer zünden die erste Stufe der Ausreden-Rakete bei der Anfahrt. Es zwickt und zwackt bei mir seit einiger Zeit: Mit dem linken Fuß bin ich gerade erst umgeknickt, die rechte Leiste macht immer wieder auf den ersten Kilometern unangenehm auf sich aufmerksam – jetzt auch wieder beim Radeln zum Platz des MTV Treubund. Besser geschlafen habe ich auch schon einmal, denn die halbe Nacht lang prasselte der Regen aufs Dach.

Für die zweite Stufe ist dringend Publikum erforderlich, am besten andere Starter beim Einlaufen. Am besten funktionieren die Ausreden, wenn man sie sich wie beim Pingpong gegenseitig

9.31 bis 9.45 Uhr: Ich rede mit Regina und Torsten, Maik und Jens, Gott und der Welt, hefte meine Startnummer ans Shirt und will meinen Transponder an den Schuh … Wo ist eigentlich mein Transponder?

9.45 bis 9.55 Uhr: Der Transponder ist nicht in meinem Laufrucksack, nicht in der Tasche meiner Laufhose, liegt nirgendwo herum, ist von niemandem abgegeben worden. Panik! Und nun?

9.55 bis 9.59 Uhr: Ich kaufe zähneknirschend für 6 Euro eine neue Startnummer mitsamt Chip, renne schnell zur Gepäckabgabe, renne zurück zum Start.

10.00 bis 10.46 Uhr: Ich laufe. Keine besonderen Vorkommnisse.

11.00 Uhr: Einer von der Organisation drückt mir 6 Euro in die Hand. „Der Transponder hat sich wieder angefunden. Mitten auf der Strecke. Jemand hat ihn dann bei uns abgegeben." Mitten auf der Strecke? Wie kommt das verfluchte Ding denn dorthin?

11.30 Uhr: Lockeres Auslaufen nach Hause. Locker? Nach zwei Dritteln lege ich Gehpausen ein. Mein Blutdruck, der vorhin vor Ärger in ungeahnte Höhen schoss, ist wieder im Keller angelangt.

17.24 Uhr: E-Mail aus Adendorf. „Beim nächsten Mal wird ein Kabelbinder gestellt, damit der Chip am Schuh des Sportreporters hält." Ich habe doch gar nicht … Ach, es ist sinnlos.

zuspielt. „Puh, ist das drückend." – „Und ganz schön warm." – „Wird bestimmt ziemlich matschig." – „Ich habe heute lieber meine alten Schuhe angezogen." – „Die Sofas? Das kostet aber Zeit." Und so weiter. Findet man einen erfahrenen Ausreden-Gegenüber, dann grenzt es schon an ein Wunder, dass man sich überhaupt bis zur Startlinie schleppen kann. Um 9.10 Uhr. Noch ein Ausreden-Thema. Ist das nicht eigentlich viel zu früh, um Leistung zu bringen?

Stufe drei besteht dann wieder aus einem Monolog auf der Strecke. Dummerweise zwickt der Fuß nicht, es zwackt auch nicht an der Leiste. Die paar Pfützen sind nicht der Rede wert. Und die

15 Grad Lufttemperatur gehen nicht gerade als tropische Hitze durch. Gut zwölf Kilometer lang laufe ich wie eine Maschine. Wie ein VW Polo, nicht wie ein Porsche, zugegebenermaßen. Doch dann droht der Kolbenfresser.

Zum zweiten Mal mühe ich mich den Hauptweg durch Wilschenbruch entlang. Da naht der riesige Berg an der Ostumgehung. Gut, während der ersten Runde war das noch ein Hügelchen, nicht der Erwähnung wert. Aber ich mag das ständige Auf und Ab beim Tiergartenlauf einfach nicht. Lieber zwei, drei ehrliche Anstiege. Eine schöne Ausrede entsteht in meinem Kopf: Hier kann ich einfach nicht schnell laufen.

Lange waren wir Langstreckler unter uns. Am Ende flitzen die allerschnellsten Zehner an uns vorbei. Ich grüße die eine oder andere Läuferin von der 6-Kilometer-Strecke, an der wir uns nun vorbei mühen, und bemühe mich darum, einen halbwegs fitten Eindruck zu hinterlassen. Vergebens. Sogar Alex, angeblich am Ende seiner Kräfte, überholt mich kurz vorm Ziel und sichert sich den glorreichen 28. Platz, während ich vernichtend geschlagen als 29. Richtung Ziel krieche.

Nun folgt aber die vierte Stufe, die Königsdisziplin der Ausreden direkt nach der Zielankunft. Während die lieben Mitläufer weiterhin die Schwüle, das feuchte Geläuf und das eine Bier zu viel am Abend zuvor bejammern, übe ich mich in der hohen Kunst der nonverbalen Ausrede. Block und Stift habe ich in der Hand, um ein paar Stimmen der Sieger für meinen Arbeitgeber einzufangen. Aber wieso habe ich schon den Namen der besten Trimmläuferin vergessen, zwei Sekunden, nachdem sie ihn mir verraten hatte? Und wieso ist mein Block so schwarz? Und warum fühle ich mich plötzlich so ...

Meine Beine fühlen sich an wie Marmelade. Die Knie knicken ein, und ich muss mich hinsetzen. Eine kleine Kreislaufschwäche – fast ein bisschen wie bei meinem legendären Stunt auf Mallorca, als ich meinen ersten Marathon für fast eine Stunde unterbrechen musste, weil ich nur noch Sternchen sah. Mühsam rapple ich mich wieder hoch, muss wohl noch ein wenig blass um die Nase sein. Alles erkundigt sich besorgt nach meinem Befinden. Prima, kann nicht besser sein. Denn weitere Ausreden kann ich mir jetzt endgültig sparen.

Das böse Wörtchen „müsste"

Warum ich auch mal wasserscheu und süchtig nach Apfelkuchen sein darf.

Starken Sprühregen meldet die Wetter-App. Soll heißen: Es regnet junge Hunde, die aber tröpfchenweise. Hose, Shirt, wetterfeste Jacke und die ältesten Laufschuhe hatte ich schon herausgekramt, doch jetzt sitze ich am Computer, statt einen lockeren Zehner über matschige Waldwege zu rennen, gucke trübsinnig aus dem Fenster und sinniere über die Frage: Bin ich eine faule Sau oder einfach nur vernünftig?

Am Montag bin ich bei herrlichstem Sonnenschein leichtfüßig, jedenfalls für meine Verhältnisse, einen Dreißiger gelaufen. Am Mittwoch aber musste ich zum Lauftreff zum ersten Mal seit Monaten meine Stirnlampe mitnehmen – die fiese, dunkle Jahreszeit ist endgültig da und wird gut fünf Monate bleiben. Und heute geht, beziehungsweise läuft bei mir gar nichts außer der Nase.

Von ein paar wetterfesten Kerlen vielleicht abgesehen, müssen wir alle uns doch jetzt einen heftigeren Ruck geben, um nicht auf dem Sofa klebenzubleiben. Den einen oder anderen Mitläufer werde ich bestimmt erst im Februar oder März wiedersehen. Und ich? Eigentlich hatte ich doch im November einiges vor und müsste noch ein paar Kilometer mehr trainieren.

Das böse Wörtchen „müsste"… Ich muss doch gar nichts und denke lieber an den Link, den eine Bloggerin kürzlich veröffentlichte. Laufen bis zum Kollaps: Wenn Sport zur Sucht wird. Ein Schlüsselsatz lautet: „Wenn Sport nicht mehr aus Freude, sondern aus einem Zwang heraus betrieben wird, dann kann es sich um ein Suchtverhalten handeln."

Da fällt mir doch der eine oder andere Crack aus der Region ein, der ohne Laufen nicht kann und dessen Gespräche sich einzig und allein um seine vergangenen und künftigen Wettkämpfe dreht, der keine andere Interessen und kein sonstiges Privatleben kennt. Uns allen dürfte jetzt das eine oder andere Gesicht vor unserem geistigen Auge erscheinen.

Aber damit bin ich doch nicht gemeint, oder? Ich, der im April unbedingt noch den Leipzig-Marathon beenden musste, obwohl ich mir bei Kilometer 32 irgendetwas gezerrt hatte. Ich, der im Mai ebenso unbedingt einen Halbmarathon am Kanal auf Bestzeit laufen musste, obwohl meine Knochen noch müde waren und meine Motivation im Keller lag. Ich, der stolz drauf war, auch im Juli bei über 30 Grad im Schatten noch ein paar Runden geschafft zu haben? Moment mal …

Immerhin macht mir mein Job Spaß, meine Liebste ist immer noch nicht ausgezogen und meine Jungs erkennen mich weiterhin. Und wenn starker Sprühregen wie heute meinem Zehner im Wege steht, dann lass' ich den Zehner in der Regel einfach Zehner sein. Es besteht also noch Hoffnung.

Vielleicht könnte ich ja stattdessen die Gymnastikmatte herausholen und ein paar Stabi-Übungen einschieben? Nötig hätten es meine Knochen. Andererseits: In der Küche steht noch ein leckerer Apfelkuchen. Ich koch' dann mal Kaffee.

Schwer unterzuckert

Wie ich mal eine Woche Verzicht auf Süßes übte –
und das in der Vorweihnachtszeit.

Die Versuchungen lauern hinter jeder Ecke. Wenn ich zurzeit einen Supermarkt betrete, muss ich denken, dass sich die Menschheit nur noch von Lebkuchen und Schokolade ernährt. Im Job warten permanent Bonbons oder Kekse auf mich, außerdem die lieben Kollegen, die grinsend meinen: „Na, Saffti, wir haben extra etwas für dich aufgehoben." Zu Hause sind meine Liebste und Sohnemann Leckereien auch nie abgeneigt. Wie soll ich es da nur – wie ich es viel zu großspurig angekündigt hatte – eine Woche ohne Süßigkeiten aller Art aushalten?

Zunächst einmal lege ich für mich fest, was genau ich sieben Tage lang nicht anrühren will. Süßwaren aller Art, Kekse, Kuchen und auch die Frühstücksmarmelade oder Honig – ja, klar, auch wenn das richtig hart für mich wird. Was aber mache ich mit dem Nachtisch, den ich mir gern mittags nach Salat und Brötchen gönne? Auf meiner Quarkcreme mit Banane findet sich nur eine Zutatenliste ohne exakte Mengenangabe, im Internet aber stelle ich fest: In der Bananencreme ist mehr Zucker versteckt als Banane, nämlich rund acht Stück Würfelzucker pro Becher. Eklig!

Diese Creme werde ich also ebenso verschmähen wie Fruchtjoghurt. Je intensiver ich nachlese, was da außer Frucht und Joghurt noch alles an Chemie drinsteckt, um so mehr verstehe ich, warum die großen Nahrungsmittel-Konzerne die Idee von einer Lebensmittel-Ampel nicht so gut finden.

Die ersten beiden Tage vergehen dank Müslistange vom Bäcker, Bananen, Quark und viel grünem Tee halbwegs problemlos. Als es am Dienstagabend im Spätdienst aber stressig wird, krame ich verbissen die Reiswaffeln raus, die ich mir für Notfälle zur Seite gepackt habe. Und allmählich merke ich, wie mir Lakritzbrocken penetrant vor meinem geistigen Auge tanzen. Wenn es stressig wird oder weil ich einfach nicht dazu komme, etwas Vernünftiges in Ruhe zu essen. Suchtersatz für die früher allgegenwärtigen Zigaretten?

An meinem freien Mittwoch fühle ich mich schwer unterzuckert und lege mich einfach für ein halbes Stündchen aufs Sofa. Und ich habe immer noch vier Tage vor mir. Am Donnerstag wächst die Erkenntnis, dass sich Bananenscheiben in Naturjoghurt doch viel besser hinein rühren lassen als in Quark. Ein Kollege hat aber Studentenfutter mitgebracht, ein anderer Weingummi. Und ein dritter wedelt mit einem Hanuta vor meiner Nase herum: „Hier, schenk ich dir!" Keine große Versuchung: Auf Haselnüsse reagiere ich ähnlich allergisch wie auf Siege des FC Bayern. Die Nüsse kann ich allerdings wenigstens konsequent aus meinem Leben verbannen.

Ein Kneipenabend am Freitag wird hart: Die sportlichen Frauen sind klar in der Überzahl an unserem Tisch und spülen das allzu fettig geratene Grünkohl-Gericht höchstens mit Kaffee herunter. Ausgerechnet mein Tischnachbar bestellt sich aber ein dickes Eis mit heißen Himbeeren. Ich verzichte darauf, mich mit Gebrüll auf ihn zu stürzen und ihm den Becher zu entreißen und besorge mir lieber später als Absacker einen Glühwein. „Bäh, ist der süß!" – meine Geschmacksnerven müssen schon voll auf Entwöhnung gewesen sein.

Der Sonnabend beginnt mit Zeitungslektüre. „Manche Lebensmittel tun dem einen gut – und machen den anderen krank", heißt die Überschrift zu einer Studie, die sich gegen allzu extreme Diätvorschriften wendet. Genau! Und ich gönne mir abends, als wir unserem Besuch etwas zum Knabbern auf den Tisch stellen, ohne schlechtes Gewissen eine Handvoll Haribo. Und noch eine und noch eine. Dann ist aber gut.

Nach einer Woche ziehe ich Bilanz: Was hat's gebracht? Kein Gramm Gewichtsverlust – wie auch bei zwei Grünkohlessen innerhalb von 24 Stunden? Dafür aber die Erkenntnis, dass Süßes nicht gleich Süßes ist. Zucker als billiges Füllmaterial in vorgeblich gesundem Essen, den werde ich mir auch künftig nicht mehr antun. Aber Kuchen aus dem eigenen Backofen oder einer guten Bäckerei wird immer ein Genuss für mich bleiben. Und ab sofort müssen die lieben Kollegen auch wieder ihren Naschkram vor mir verstecken. Nur nicht die Hanuta!

Der Neunjahresrückblick

Wie bin ich nur früher herumgelaufen –
wie habe ich das nur durchgehalten!

Ich habe einen Traum. Immer wieder. Und ich würde wohl nicht wagen, über diesen Traum zu schreiben, wenn ich nicht irgendwann mitbekommen hätte, dass andere diesen Traum auch kennen. Ich träume also, dass ich abgehetzt und unvorbereitet zum Marathonstart komme, längst noch nicht umgezogen, mit den falschen oder gar ganz ohne Laufschuhe. Das Feld setzt sich in Bewegung. Ich versuche, den Anschluss zu halten, verirre mich zu allem Überfluss und wache schweißgebadet auf.

Seit meinem ersten Volkslauf vor inzwischen fast neun Jahren plagt mich dieser Traum in diversen Variationen, aber mit der gleichen Grundangst: der Angst, völlig unvorbereitet in einen Lauf zu gehen. Aber wie hat sich eigentlich in meinem echten Leben die Einstellung zum Laufen verändert? Einiges ändert sich mit der Zeit. Langsam, aber unerbittlich.

Die Nervosität
Die Nacht vor meinem ersten Volkslauf war schlimm, richtig schlimm. Ich weiß nicht, ob ich es geschafft habe, überhaupt eine halbe Stunde am Stück durchzuschlafen. Versagensängste quälten mich wie zuvor allerhöchstens vor meiner Führerscheinprüfung und vor dem allerersten Date. Sieben, acht Kilometer hatte ich zuvor

vielleicht am Stück geschafft, nun wollte ich gleich elf laufen. Ein kleiner Schritt für die Menschheit, aber ein riesiger für einen Menschen.

Der Regen klatschte in der Nacht gegen unser Schlafzimmerfenster, jeder einzelne Tropfen ließ mich hochschrecken. Eine Erlösung das Weckerklingeln um kurz vor acht Uhr – ein Zeitpunkt, an dem ich sonntags zuvor noch nie ansatzweise an eine Bettflucht gedacht hätte. Das Frühstück würgte ich runter, gut eineinhalb Stunden vor dem Start fuhr ich los ins kaum sieben Kilometer entfernte Scharnebeck. Das Wetter wurde nicht besser, und ich verfluchte den Tag, an dem ich dem Fotografen unserer Zeitung den Auftrag gegeben hatte, auch meine Laufbemühungen „für eine Ich-Reportage" im Bild festzuhalten. Kneifen ging also nicht.

Doch es kam schlimmer, viel schlimmer. Keine zwei Jahre später erlebte ich die letzte Nacht vor meinem ersten Marathon in höchster Unruhe. Ich hätte mir das Zubettgehen gleich sparen können.

Aber die Nervosität legt sich mit den Jahren. Nicht gleich beim zweiten oder dritten Lauf. Und in der Nacht vor meinem zweiten Marathon irrte ich nachts durch die Ferienwohnung beim x-ten Gang aufs Klo, riss dabei ein Glas herunter und wäre fast in die Scherben getreten. Doch bald habe ich es doch kapiert, dass es durchaus Sinn ergibt, am Vorabend meine Tasche zu packen und Laufklamotten gleich neben das Bett zu legen. Ich habe es gelernt, dass ein paar Regentropfen, ein bisschen Wind oder Temperaturen jenseits der Wohlfühlzone nicht automatisch eine Wetterkatastrophe bedeuten. Ich frühstücke das, wonach mir ist, und nicht das, was irgendwelche Gurus vorschlagen.

Und trotzdem: Ein gewisses Prickeln, eine gewisse Nervosität gehört einfach dazu. Sollte ich eines Tages völlig emotionslos zu einem Lauf fahren, dann könnte ich es gleich ganz sein lassen.

Der Blick auf die Uhr
Eine mittlere Katastrophe ist mir mal vor knapp drei Jahren in Apeldoorn passiert. Ich lege los, um dort die 27,5 km lange Assel-

ronde in Angriff zu nehmen – und meine Stoppuhr verweigert den Dienst. Die Batterie hatte den Geist aufgegeben. Um Himmels willen! Keine Kontrolle über die Pace, keine Kontrolle über Zwischenzeiten. Ein Wunder, dass ich nicht aufgegeben habe. Stattdessen habe ich mich der nächstbesten Gruppe, die mir ein gutes Tempo zu laufen schien, angeschlossen, und bin mit einigen Leuten bis ins Ziel zusammen gelaufen. Wir haben richtig Spaß miteinander gehabt.

Ein Schlüsselerlebnis im doppelten Sinn. Zum einen habe ich gemerkt, dass man mit ein bisschen Erfahrung auch ohne Uhr gleichmäßig laufen kann. Zum anderen gewöhne ich mir nach und nach ab, laufend auf das Zeiteisen zu linsen.

Nichts ist entspannender als ein Lauf quer durch die Natur ohne Kontrollblicke auf die Uhr. Ich weiß doch genau, dass ich von meiner Haustür aus ungefähr in 20 Minuten am Elbe-Seitenkanal ankommen kann. Muss ich denn immer nachschauen, ob ich die Strecke diesmal in 19:37 oder doch nur in 20:20 geschafft habe?

Inzwischen habe ich sogar kapiert, dass ich nicht bei jedem Wettkampf 100 Prozent geben muss, ja nicht einmal sollte. Und zuletzt habe ich sogar ein paar Rennen ohne Blick auf die Uhr geschafft.

Das Trinken

Trinken wird überschätzt. Was habe ich am Anfang an Flüssigkeiten in mich hineingeschüttet, vor und während des Laufs. An einem wärmeren Sommerabend habe ich kaum einen lockeren Zehner ohne Getränkegürtel geschafft. Bei den Volksläufen versuchte ich schon vor dem Start mit hohem Getränkeeinsatz der drohenden Dehydrierung vorzubeugen. Und während des Rennens nahm ich jede Verpflegungsstelle mit, aber becherweise.

Nun, es ist noch niemand verdurstet beim Marathon, aber es hat schon Todesfälle gegeben, die sich durch zu viel Trinken und den dadurch ausgelösten Natriummangel im Blut erklärten. Wenn ich beim Marathon erst einmal das exzessive Saufen beginne, dass weiß ich inzwischen, dann ist alles schon zu spät.

Ein Volkslauf-Zehner lässt sich bei durchschnittlichen Temperaturen wunderbar auch ohne Trinken bewältigen, ein Halbmarathon mit ein paar kleinen Schlücken. Ich nehme an heißeren Tagen wirklich jede Trinkstation mit. Den Großteil des Wassers schütte ich mir aber über den Kopf und nicht in den Hals.

Ähnliches gilt fürs Essen. Ich habe nur einmal bei einem Marathon ein Stück Banane gefuttert – sie lag quer wie ein Schraubenzieher in meinem Magen. Manche laufen selbst den Marathon nüchtern, andere wie ich frühstücken gut und kommen damit durch. Mit der richtigen Kalorienzufuhr allein wurde aber noch niemand zum Marathonstar. Mit der falschen kann man sich allerdings alles verderben.

Die Ausrüstung

Oh, wie uneitel habe ich die Lauferei doch begonnen. Mit Wollmütze, Trainingsanzugs-Oberteil und Laufhose von einem Kaffeeröster habe ich mein Volkslaufdebüt gegeben. Und ich gestehe: Das Shirt, das ich bei meinem ersten Marathon trug, hatte ich zuvor für das Startgebot von einem Euro bei eBay ersteigert. Waren das schöne Zeiten, als ich noch nicht einen beträchtlichen Prozentsatz meines Gehalts im Laufladen abgeliefert habe.

Heute rede ich mir ein, dass Qualität eben ihren Preis hat. Stimmt teilweise: Viele der billigen Teile verlieren zu schnell ihre Form oder Funktion, scheuern oder halten nicht richtig warm und trocken. Der Markenwahn, er hat auch mich mittlerweile längst erreicht. Ich werde glücklich nur mit Schuhen von drei Herstellern, die nicht gerade dem unteren Preissegment angehören – und mit einem Sammelsurium von Klamotten, die sich dadurch auszeichnen, dass sie sonst keiner trägt – zumindest nicht in den gewagteren Farbkombinationen wie moosgrün, orange und grau.

Beim nächsten Marathon
wird alles ganz anders

Warum ich mir zum ersten Mal in meinem
Marathon-Leben keine Bestzeit vornehme,
sondern nur eine gute Zeit erleben will.

Es war einmal … So fangen ja viele Märchen an, gerade in unserer Läuferwelt. Es war also einmal ein Saffti, der ganz spontan den Marathon in Florenz laufen will und sich ganz locker in Bella Italia auf einen etwas längeren Spaziergang einlässt. Ist aber nur ein Märchen. Wahrheit ist, dass ich sehr wohl noch eine Rechnung begleichen will.

Was habe ich gelitten. Der vergurkte Marathon in Leipzig, das Motivationsloch beim Halbmarathon in Bad Bevensen. Daraufhin strich ich meine Wettkampf-Liste gnadenlos zusammen. Aber ich spürte, dass ich einfach noch ein Ziel haben muss. Keine neue Bestzeit, keine Tempohatz, im Gegenteil. Einen Marathon, den ich mit einem seligen Grinsen auf den Lippen beende und nicht mit einem Stöhnen.

Das heißt: keine Intervalle und keine Tempodauerläufe, kein Trainingsplan und auch kein Test-Halbmarathon wie sonst. Kein Fachgesimpel mit den Laufkumpels, denn die hätten mich sonst doch wieder angetrieben. Nach dem Motto: „Du bist doch gut drauf, du schaffst bestimmt eine 3:20." Dass ich immer mal wieder in den Wochen vor Florenz freiwillig dreißig Kilometer lief, angeblich ohne konkretes Ziel, hat mir von ihnen wahrscheinlich trotzdem niemand abgenommen.

Acht Marathons habe ich bisher geschafft: Bei drei Läufen habe ich mich bis zum Schluss gut gefühlt, bei drei weiteren so la la, zwei endeten fast mit meiner Aufgabe – der erste auf Mallorca und der bisher letzte in Leipzig. Und was habe ich bei den drei richtig guten

> **Vai, Andreas, vai *(Florenz-Marathon 2015)***
>
> Pünklich (ja, wirklich pünktlich!) 30 Minuten vor dem Start haben alle Leutchen in ihren Blocks zu stehen. Wir werden beschallt mit Musik und allen möglichen Durchsagen auf Italienisch, Englisch, Französisch und irgendeiner Sprache, die ein bisschen nach Deutsch klingt.
>
> Sobald verkündet wird, dass es jetzt nur noch soundsoviel Minuten bis zum Start seien, drängelt sich die Meute wieder ein paar Meter nach vorn. Ein paar besonders freche Zeitgenossen murmeln „Scusi", fahren die Ellenbogen aus und rammen sich weiter nach vorn. Ein Bild wie im Feierabendverkehr jeder italienischen Metropole, nur dass niemand hupt.
>
> Den bösen Wicht namens Ehrgeiz wollte ich ja zu Hause lassen. Nachdem ich meine Form drei Tage lang durch Stadtrundgänge sowie italienisches Essen und Trinken hinreichend ruiniert habe, kann ich mir spätestens nach fünf Kilometern sicher sein, dass die Zeit heute wirklich keine Rolle spielt.
>
> Die zunächst nur wenigen Zuschauer geben alles, feuern jeden, ob nun 18 oder 88 Jahre alt, mit „Ragazzi" an, mit „Forza" oder am

beherzigt? Ich war so schlau, es nicht gleich wie Speedy Gonzales, die schnellste Maus von Mexiko anzugehen, damit ich nicht wie der langsamste Maulwurf von Burkina Faso ende.

Ziellinie

Warum Jack Nicholson nicht recht hat –
ganz im Gegensatz zu Robert Lemke.

Ich werde langsamer.

Diesen Satz muss ich erst einmal sacken lassen. In den ersten paar Jahren meiner unglaublichen Laufkarriere flog ich geradezu allerliebsten mit „Vai", der Allround-Aufforderung der italienischen Sprache. Geh', lauf', renn' – jeder darf sich sein Tempo herauspicken. Eines von vielen Dramen spielt sich in mehreren Akten direkt vor meiner Nase ab. Frau und Mann laufen zusammen. Mann bleibt stehen und kann nicht mehr. Frau läuft zurück, um ihn wieder zu motivieren – und das dreimal. Danach bleibt die Frau stehen, und der doofe Mann merkt das offenbar nicht und läuft davon. Macho-Land!

Aber bald habe ich keine Augen mehr für meine Mitläufer, denn die volle Packung Florenz wartet auf den letzten Kilometern. Ponte Vecchio, Kathedralen, Paläste, Italien wie aus dem Bilderbuch. Vorm Dom bespritzt ein Spaßvogel die Läufer mit Wasser aus einem Eimer, ich schleudere ihm spontan den Inhalt meines Trinkbechers entgegen. Alle lachen, nur einer nicht.

Gut 200 Meter vor dem Ziel nimmt ein Mann direkt vor meinen Augen seine vielleicht vierjährige Tochter an die Hand, die beiden sprinten mir tatsächlich davon. Was die Kleine wohl am Abend ihrer Mama erzählen wird? Vielleicht: „Mama, da waren ganz viele Männer heute in der Stadt, die konnten alle gar nicht so schnell rennen wie ich. Und dieser Deutsche, der konnte gar nicht mehr."

von Bestzeit zu Bestzeit. Kein Wunder, ich fing ja nicht nur bei Null an, sondern auch als Null.

Fünf Jahre lang habe ich mich bei jedem Marathon verbessert – und meist auch auf den Unterdistanzen. „Wie kann ich mich nur motivieren, wenn keine Bestzeiten mehr drin sind?", fragte ich mich in schwachen Momenten. Um mir selbst zu antworten: „Ach was, ich habe ja immer noch Reserven. Ich werde noch schneller."

Werde ich aber nicht mehr.

„Älter werden heißt auch besser werden", hat Jack Nicholson gesagt. Das mag für Schauspieler wie ihn gelten, aber nicht für Läufer. Vor drei, vier Jahren lief ich meine flotten Runden halbwegs mühelos in einem Fünferschnitt, also in fünf Minuten pro Kilometer. Mittlerweile strengt mich 5:15 schon an und liegt mit 5:30 schon eher. Ja, selbst zu 5:45 muss ich mich nicht mehr wie früher zwingen. So langsam laufe ich inzwischen freiwillig, ganz von allein. Kann man das überhaupt Laufen nennen? Oder bin ich schon endgültig wieder zum Jogger geworden?

Irgendwann erreicht jeder von uns den Punkt, an dem er nicht mehr schneller werden kann. Viele hören spätestens dann frustriert auf, andere suchen sich neue Ziele, nennen sich „Genussläufer" oder laufen plötzlich lieber fünfzig Marathons pro Jahr langsam als einen schnell.

Und ich? Wenn ich Liebste und Kinder, Arbeit und Freunde vernachlässige, könnte ich vielleicht noch eine fünfte oder sechste Trainingseinheit pro Woche durchziehen. Ich könnte Ernst machen mit dem Bahntraining. Ich könnte bestimmt noch zehn oder fünfzehn Kilo abnehmen, wenn ich auf alles verzichte, was mir schmeckt. Ich könnte professionelle Hilfe in Anspruch nehmen. Ich könnte, ich könnte. Aber ich will nicht.

Wie so oft findet man Erklärungen bei Peter Greif, dem alten Knochen aus Seesen. „Du verlierst über 10.000 Meter oberhalb der 40 Jahre im jeden Jahr 30 sec", zitiert er eine Faustregel. Und er selbst hat ermittelt, „dass wir ab einem Alter von 45 Jahren jedes Jahr 1% an Leistung verlieren. Es sei denn, wir steuern durch verbessertes Training und Ernährung entsprechend entgegen." Einen Klick weiter liegen seine Trainingspläne und Nahrungsergänzungsmittel bereit.

Ach, ich suche einfach neue Herausforderungen. Den nur noch selten angebotenen Klassiker, die 25 Kilometer, bin ich noch nie gerannt – da ist also noch eine Bestzeit drin. Bergrennen warten, vielleicht der erste Ultralauf? Oder mache ich mich gar zum Deppen und wage mich an einen Jedermann-Triathlon?

Bis dahin halte ich es mit Robert Lemke (für jüngere Leser – das war eine Art Joko und Klaas eurer Großeltern): „Alt werden ist natürlich kein reines Vergnügen. Aber denken wir an die einzige Alternative."

Keep on running! Auf deutsch: Ich jogg' mal eine Runde.

Grenzerfahrung
(Drielandenloop Losser/Niederlande 2016)

„Keine Chance auf Schnee – Temperatur ca. 11 Grad, die kurze Hose kann an." Ich liebe den niederländischen Humor. Während ich überlege, ob ich angesichts der Orkanwarnungen und der Aussichten auf ergiebige Schauer überhaupt zum Drielandenloop nach Losser fahre, präsentieren die Organisatoren vom AV Iphitos ihr sonniges Gemüt: „Nicht zu warm = ideales Laufwetter."

Okay, ich kneife also nicht. Der 25-km-Lauf in Losser ist aber nicht irgendeiner. Die Strecke führt durch die Niederlande, Niedersachsen und Nordrhein-Westfalen. Gut, dass Schilder jeweils auf den Grenzübertritt hinweisen, denn eigentlich sieht's überall gleich aus. Noch schwerer, als angesichts der heftigen Windböen den Schritt zu halten, fällt mir die Orientierung. Wo ist Holland, wo ist Deutschland? Kurz vor Gronau passieren wir das Dreiländereck. Ich biege ab nach Nordrhein-Westfalen, sehe einen alten Schweinestall, einen matschigen Feldweg und nach exakt 69 Sekunden ein Niederlande-Schild. Irgendwie habe ich NRW doch etwas urbaner in Erinnerung gehabt ...

Losser begrüßt mich erst wie ein Tour-de-France-Etappenort mit dem Teufelslappen als Anzeige für den letzten Kilometer, dann mit dem Klärwerk und schließlich mit dem heftigsten Regenschauer des Rennens. Der Sprecher im Ziel gibt alles und begrüßt jeden Finisher so enthusiastisch wie einen neuen Weltrekordhalter. Später trifft sich ungefähr 90 Prozent des Starterfelds im Eetcafé, in dem vor allem getrunken wird. Jeder plauscht noch einmal mit jedem. Manchmal weiß ich gar nicht mehr, ob ich mich gerade mit einem Holländer mit besonders guten Deutsch-Kenntnissen unterhalte oder mit einem Plattprater aus der Grafschaft oder dem Emsland.

Was hätte ich alles verpasst, wenn ich auf die Orkan-Warnungen gehört hätte! Ein Event vor allem, bei denen die Grenzen nicht nur laufend, sondern vor allem redend überwunden werden.